Richard Brüllmann (Hrsg.)

Luther-Zitate von A–Z

1000 Zitate zu 330 Begriffen
Lieder-Sammlung im Anhang

Brendow Buch Kunst Verlag

CIP-Titelaufnahme der Deutschen Bibliothek

Luther, Martin:
Luther-Zitate von A–Z: 1000 Zitate zu 330 Begriffen /
Richard Brüllmann (Hrsg.). – Moers: Brendow, 1989
(Edition C: M; 133)
Ausg. im Ott-Verl., Thun u. d. T.: Luther, Martin: Lexikon der
treffenden Martin-Luther-Zitate
ISBN 3-87067-364-8
NE: Brüllmann, Richard [Hrsg.]; Luther, Martin: [Sammlung]; HST;
Edition C / M

ISBN 3-87067-364-8
Edition C – M 133, Bestell-Nr. 57133

Einbandgestaltung: Gerd Pels, Brendow Design, unter
Verwendung eines Gemäldes von Lucas Cranach d. Ä.
Diese Lizenzausgabe erscheint mit freundlicher
Genehmigung des Ott Verlages, CH-Thun
Printed in Germany

Zu diesem Buch

In der ganzen Welt denkt man an den Mann, der am 10. November 1483 geboren worden ist. Wer heute in seinen Schriften blättert, merkt kaum, daß mehr als 500 Jahre seit seiner Geburt vergangen sind.

Zunächst ist es ganz einfach sein Wort, das noch immer trifft. Die Aussage, er sei der Schöpfer der deutschen Sprache gewesen, glaubt man auf Anhieb. Seine treffenden Formulierungen kommen noch immer an.

Dann ist es die Bildhaftigkeit seiner Sprache, die den Leser packt. Allem, was er sagt, spürt man an, daß es aus dem praktischen Alltag herauskommt.

Vor allem aber merkt man, daß das, was er sagt, noch immer gesagt werden muß. Sicher stößt man hie und da auf zeitbedingte Auffassungen. Doch meist steht man unter dem Eindruck: Das gilt genau uns Heutigen. Stichworte wie Politik, Pfarrermangel, Glück und Unglück machen das besonders deutlich. Doch gilt es für die andern nicht weniger. Vor allem wer nicht nur darüber hinwegliest, sondern sich von den Aussagen zum Nachdenken bringen läßt, spürt das auf jeder Seite.

Die gesammelten Zitate entstammen verschiedenen Quellen. Deshalb ist auch die Sprache nicht immer die gleiche. Wo es anging, ist möglichst die ursprüngliche Form wiedergegeben worden. Oft drängte sich eine moderne Formulierung auf. Die Lieder im Anhang sind als Überblick auf das in seinem vollen Umfang wenig bekannte Liedgut Luthers gedacht, das nicht weniger überzeugend ist als seine übrigen Schriften, aus denen hier ein allgemeiner Überblick gegeben wird.

Richard Brüllmann

Abendgebet

1 Ich danke dir, mein himmlischer Vater, durch Jesus Christus, deinen lieben Sohn, daß du mich diesen Tag so gnädig behütet hast, und bitte dich, du wollest mir vergeben alle meine Sünde, wo ich Unrecht getan habe, und mich diese Nacht gnädig behüten; denn ich befehle mich, meinen Leib und meine Seele und alles in deine Hände. Dein heiliger Engel sei mit mir, daß der böse Feind keine Macht über mich gewinne. Amen.

Abendmahl

2 Das Sakrament ist die Speise der Seele.

*

3 Die Körner, wenn sie zermahlen werden, sprengen sich ineinander. Keines behält sein Mehl bei sich, sondern mengen's ineinander, bis es als ein Ding wird. Item also mit dem Wein auch, die Beeren werden also zerdrückt, daß keines für sich selbst sein Saft und Kraft hat, sondern eines wird des andern Saft und Kraft. Seht, also sind wir auch sein Brot, wenn wir glauben, daß keiner für sich selbst sei, sondern ein jeglicher unterwirft sich dienend unter den andern durch die Liebe. Wenn du arm bist, schwach, ungesund, bin ich ein Christ, so gebe ich mich hin in alle deine Not,

entbreche mich wie ein Korn und werde gleich zu Mehl, da issest du mich, das ist, du genießest mein, all mein Leben geht dir zugut.

*

4 Die sich dem Sakrament fernhalten, die sind nicht Christen.

*

5 Jesus Christus unser Heiland,
der von uns den Zorn Gottes wandt':
Durch das bittre Leiden sein
half er uns aus der Hölle Pein.

Daß wir nimmer des vergessen,
gab er uns sein Leib zu essen,
verborgen im Brot so klein,
und zu trinken sein Blut imWein.

Wer sich zum Tisch will machen,
der hab wohl acht auf sein Sachen.
Wer unwürdig hier sich nahet,
statt das Leben den Tod empfahet.

Du sollst Gott, den Vater, preisen,
daß er dich so wohl will speisen
und für deine Missetat
in den Tod sein Sohn geben hat.

Du sollst glauben und nicht wanken,
das sei Speise für die Kranken,

deren Herz von Sünden schwer
und vor Angst ist betrübet sehr.

Solch groß Gnad und Barmherzigkeit
sucht ein Mensch in großem Herzleid.
Ist dir wohl, so bleib davon,
daß du nicht kriegest bösen Lohn.

Er spricht selber: «Kommt, ihr Armen,
laßt mich über euch erbarmen.
Kein Arzt ist dem Starken not,
sein Kunst wird an ihm gar ein Spott.

Hättest du dir das erworben,
wär ich nicht für dich gestorben.
Dieser Tisch auch dir nicht gilt,
so du selber dir helfen willt.»

Glaubst du das von Herzens Grunde
und bekennest mit dem Munde,
so bist du recht wohl geschickt,
und die Speise dein Seel erquickt.

Als Frucht für sein großes Lieben
sollst du deinen Nächsten lieben,
daß er an dir spüren kann,
was dein Gott hat an dir getan.

Aberglaube

6 Abgötterei ist Eigendünkel des Herzens.

7 Der Aberglaube findet immer eine Möglichkeit und einen Vorwand für seine Heuchelei.

*

8 Der Sternenglaube ist Aberglaube; denn er ist gegen das erste Gebot.

*

9 Die Menschen werden durch die erheuchelte Heiligkeit der Abergläubischen betrogen.

*

10 So sind wir auch von Natur aus dazu geschickt, gern einen Glauben haben zu wollen, der Rückversicherungen verlangt. Wir wollen es gern mit Händen greifen und in die Tasche stecken. Aber das geschieht in diesem Leben nicht.

*

11 Von der Astrologie erwarte ich nichts.

Alt werden

12 Es können Gedanken einen wohl alt machen; dann auch die Arbeit.

*

13 Willst du alt werden, so werde bald alt,
Behalt den Kragen warm,

Fülle nicht zu sehr den Darm,
Mache dich der Grethen nicht zu nah:
Also wirst du langsam grau!

Amen

14 Amen, das ist: es werde wahr!

Amt

15 Ämter soll man nicht verwerfen, aber man soll nicht seine eigene Ehre darin suchen.

*

16 Ämter soll man von der Person scheiden.

Anfechtung

17 Ein jeglicher, der ein rechtschaffener Christ will sein, der gedenke, daß er Christum ohne Anfechtung nicht lernen kann.

*

18 Ich bin selber oft auch zornig auf mich, daß ich das in der Anfechtung nicht kann: mit Christus alle meine Gedanken vertreiben. So viel ich davon geschrieben, gelesen und gepredigt, dennoch kann ichs nicht.

19 Keine Anfechtung bringt leichter zu Fall, als danach zu forschen, warum dies oder jenes geschieht. Das «Warum» hat alle Heiligen gequält.

*

20 Nach dem Zeugnis und der Erfahrung aller Frommen ist die größte Anfechtung, keine Anfechtung haben.

*

21 Wenn das Stündlein der Anfechtung kommt, so ist's in einem Hui und gar bald geschehen, daß uns der Teufel durch seine List hinwegreißt.

*

22 Wer nicht versucht ist, der weiß nichts.

*

23 Wo der Glaube anfängt, da läßt die Versuchung nicht lange auf sich warten.

Anmaßung

24 Anmaßende Klüglinge sind dem Ikarus gleich, der in den Himmel fliegen wollte; wie man sagt: Willst du sicher wandeln, so fliege nicht zu hoch. Fliegst du zu hoch, so verbrennst du die Federn.

25 Die Anmaßung ist das Haupt der Schlange.

Ansprüche

26 Wer das Geringe verschmäht, dem wird auch das Große nicht zuteil.

Arbeit

27 Der Mensch soll und muß arbeiten und etwas tun, aber doch daneben wissen, daß ein anderer ihn ernährt als seine Arbeit, nämlich Gottes Segen.

*

28 Die Frommen und Gottesfürchtigen arbeiten mit einem leichten und fröhlichen Herzen; denn sie erkennen Gottes Befehl und Willen. Da sieht ein frommer Bauersmann auf seinem Wagen und Pflug, ein Schuster auf seinem Leisten und der Ahle, ein Schmied auf seinem Eisen, ein Zimmermann auf seinem Holz geschrieben den Vers: Wohl dir, du hast es gut.

*

29 Gib du, lieber Herr, in dessen Gewalt alles steht, fruchtbares Gedeihen, sonst wird alle Mühe und Arbeit vergebens sein.

30 Gott sorgt, wir aber sollen arbeiten.

*

31 Man soll die gar nicht hören, die da vorgeben, daß allein Handarbeit eine Arbeit zu nennen sei.

*

32 Von der Arbeit stirbt kein Mensch, aber von Ledig- und Müßiggehen kommen die Leute um Leib und Leben; denn der Mensch ist zur Arbeit geboren wie der Vogel zum Fliegen.

*

33 Wer treulich arbeitet, der betet zwiefältig: Aus dem Grunde, daß ein gläubiger Mensch in seiner Arbeit Gott fürchtet und ehret und an seine Gebote denkt.

*

34 Wohl dem, der in Gottes Furcht steht
und der auf seinem Wege geht.
Dein eigen Hand dich nähren soll,
so lebst du recht und geht dir wohl.

Arglosigkeit

35 Es kann wohl ein frommer Mann über eine Treppe gehen, unter der ein Schalk liegt.

Armut

36 Armut ist groß, aber Faulheit noch größer.

*

37 Ein Armer muß herhalten; wer nicht Geld hat, bezahlt mit der Haut.

*

38 Gut macht Mut,
Mut macht Armut,
Armut macht Demut.

*

39 Wo das wahre Evangelium ist, da ist Armut.

Arzt

40 Der Arztberuf ist sehr verantwortungsvoll, denn ihm ist das menschliche Leben anvertraut. Deshalb muß der Arzt demütig sein, das heißt, er muß Gott fürchten, und wenn er seinen Beruf nicht mit Ehrfurcht ausübt, dann ist er ein Mörder.

*

41 Die Ärzte sind unseres Herrgotts Flicker.

*

42 Die Ärzte wollen mich zu einem Fixstern machen, dabei bin ich doch nur ein umherirrender Planet.

43 Ein armer Mensch ist, wer von der Hilfe der Ärzte abhängig ist.

*

44 Es gehört nicht zu den Aufgaben der Ärzte, darüber zu disputieren, wie man es mit den Gesunden halten solle. Sie haben sich um die Kranken zu kümmern wie die Theologen um die Sünder.

Der Auferstandene

45 Jesus lebt, und wenn er nicht lebete, so begehrte ich nicht ein Stunde zu leben. Allein weil er lebt, so werden auch wir leben durch ihn, wie er selber gesagt: «Ich lebe und ihr sollt auch leben!»

*

46 Mein Christus lebt und herrscht, und ich werde mit ihm leben und herrschen.

*

47 Mein Herr Christus, du hast durch deine Auferstehung überwunden und unter deine Füße getan, was mich von dir trennt. Warum soll ich mich fürchten und erschrecken, warum sollte mein Herz nicht einen guten Mut haben und fröhlich sein?

Auffahrt

48 Christi Himmelfahrt und sein Sitzen zur Rechten Gottes muß man ein tätig und kräftig Ding sein lassen, das immerdar im Schwange geht, und nicht denken, daß er aufgefahren sei, oben sitze und uns hier regieren lasse. Sondern darum ist er aufgefahren, weil er dort am meisten schaffen und regieren kann. Denn wenn er auf Erden vor den Leuten sichtbar geblieben wäre, hätte er nicht so viel schaffen können. Denn es hätten nicht alle Leute bei ihm sein und ihn hören können. Darum hat er es so angefangen, daß er mit allen zu schaffen habe und in allen regiere; daß er ihnen allen predige, sie es alle hören und er bei allen sein könne. Darum hüte dich, daß du nicht so denkest, daß er jetzt weit von uns weg sei, sondern grad umgekehrt: da er auf Erden war, war er uns zu fern, jetzt ist er uns nahe.

Bauer

1 Der Bauern Arbeit ist am fröhlichsten und voller Hoffnung.

*

2 Ein Bauer, der ein Christ ist, ist ein hölzernes Schüreisen.

3 O wie selig wären die Bauern, wenn sie ihr Gutes erkennten!

Begierde

4 Die Begierde kommt ohne besonderen Anlaß, wie Flöhe und Läuse; Liebe aber ist dann da, wenn wir anderen dienen wollen.

*

5 Gedanken sind zollfrei, sie werden nicht bestraft, wie auch nicht die Begierden, nämlich bürgerlicherweise, aber Gott ist ihr Richter.

Behütung

6 Wär Gott nicht mit uns diese Zeit,
so soll Israel sagen,
wär Gott nicht mit uns diese Zeit,
wir müßten gar verzagen,
die so ein armes Häuflein sind,
veracht von so viel Menschenkind,
die uns zusetzen alle.

Auf uns so zornig ist ihr Sinn;
hätt Gott es zugegeben,
verschlungen hätten sie uns hin
mit ganzem Leib und Leben;
wir wärn als die ein Flut ersäuft
und über die groß Wasser läuft
und Gewalt verschwemmet.

Gott Lob und Dank, der nicht zugab,
daß ihr Schlund uns möcht fangen;
wie ein Vogel vom Strick kommt ab,
ist unsre Seel entgangen.
Strick ist entzwei, und wir sind frei:
des Herren Name steht uns bei,
Gott Himmels und der Erden.
(Psalm 124)

*

7 Achte nur darauf, was Christus für dich und alle getan hat, damit du auch lernst, was du für andere zu tun schuldig bist.

*

8 Tut, wir ihr seht, daß eure Kinder gegen euch tun. Sie legen sich des Nachts nieder und schlafen ohne alle Sorge. Sie kümmern sich lauter nichts, wo sie morgens ein Stück Brot oder Suppe nehmen wollen; denn sie wissen, daß Vater und Mutter für dasselbe sorgen.

*

9 Wir müssen uns halten wie Gott, der alles verliert und weggibt. Er gibt den Himmel, die Erde, Gold, Silber, Getreide weg und läßt seine Sonne aufgehen über Gute und Böse, deren Zahl immer größer gewesen ist als die der Guten.

Bequemlichkeit

10 Jedermann schneidet gern die Bretter da, wo sie am dünnsten sind; man bohrt nicht gern durch dicke Bretter.

Berufung

11 Der heilige Geist hat mich durchs Evangelium berufen.

*

12 Niemand lasse den Glauben daran fahren, daß Gott durch ihn eine große Tat tun will.

Bescheidenheit

13 Wir sind Bettler, das ist wahr.

Besitz

14 Gott will nicht, daß man kein Geld und Gut haben und nehmen soll oder, wenn man es hat, wegwerfen sollte, wie etliche Narren unter den Philosophen und tolle Heilige unter den Christen gelehrt und getan haben. Denn er läßt wohl geschehen, daß du reich seist, aber die Liebe will er nicht daran gehängt haben.

15 Herr Jesu, komm du zu mir und verfüge über mein Brot, mein Silber und mein Gold. Denn wie gut ist das alles doch angewendet, wenn ich's an dich wende.

*

16 Wenn jemand dieser Welt Güter hat, kann er in der Welt sagen: Das ist mein. Aber vor Gott ist's nötig, daß er sage: Gott, das ist dein.

Besserwisserei

17 Als wenn die Kachel oder der Topf den Töpfer lehren wollte, wie er sie machen sollte, so wollen wir uns wider Gott stellen, ihn reformieren, in die Schule führen und lehren; die arme, elende, verderbte Kreatur den Schöpfer.

*

18 Ei, daß der Mensch so willig geneigt und bereit ist, alle andern zu lehren, nur sich selbst nicht!

*

19 Wer an einem Weg baut, findet viele Ratgeber.

Bestimmung

20 Wenn das Stündlein nicht da ist, so richtet man nichts aus, man tue, wie man will. Wenn's nicht sein soll, so wird nichts draus.

Betroffenheit

21 Es ist ein bekanntes Sprichwort: Wenn man unter die Hunde geworfen hat, so schreit, der getroffen ist.

Bibel

22 Die Bibel lehrt von Glaube, Hoffnung, Liebe anders, als es menschliche Vernunft sehen, fühlen, erfahren kann.

*

23 Die Bibel ist ein sehr großer, weiter Wald, darin viele und vielerlei Bäume stehen, wovon man mancherlei Obst und Früchte abbrechen kann; denn man hat in der Bibel reichen Trost, Lehre, Unterricht, Vermahnung, Warnung, Verheißung, Drohung. Es ist kein Baum in diesem Reiche, daran ich nicht geklopft und ein paar Äpfel oder Birnen abgeschüttelt hätte.

24 Die Heilige Schrift ist das Höchste, es ist ein göttliches Buch, voller Trost in allen Anfechtungen.

*

25 Die Heilige Schrift ist ein Kräutlein; je mehr du es reibst, desto mehr duftet es.

*

26 Die Heilige Schrift übertrifft in ihrer Kraft bei weitem alle Künste der Philosophen und Juristen. Wenn diese auch gut und nötig sind, so sind sie doch für das ewige Leben tot.

*

27 Die Schrift spricht von nichts als von Christus.

*

28 Lasset uns die Bibel nur nicht verlieren, sondern sie lesen und predigen.

*

29 Schöpfe aus der Quelle und lies fleißig die Bibel!

*

30 So ist's um die Heilige Schrift bestellt: wenn man meinet, man habe sie ausgelernt, so muß man erst anfangen.

*

31 Wer im Text (der Bibel) wohl gegründet ist, der ist ein Doktor.

Bibelstudium

32 Der Glaube ist der Heiligen Schrift Schlüssel.

*

33 Ein guter Bibelkenner ist auch ein guter Theologe.

*

34 Fürwahr, du kannst nicht zuviel in der Schrift lesen, und was du liesest, kannst du nicht zu wohl lesen, und was du wohl liesest, kannst du nicht zu wohl verstehen, und was du wohl verstehst, kannst du nicht zu wohl lehren, und was du wohl lehrest, kannst du nicht zu wohl leben. Es sind nicht Lesewort, sondern eitel Lebewort drinnen.

*

35 Fürstenbriefe soll man zwei- oder dreimal lesen; denn sie sind bedächtig und weise geschrieben. Vielmehr soll man die Bibel oft lesen; denn darin hat Gott seine Weisheit schreiben lassen.

*

36 Ich habe nun seit etlichen Jahren die Bibel jährlich zweimal ausgelesen, und wenn die Bibel ein großer, mächtiger Baum wäre und alle Worte die Ästlein, so habe ich alle Ästlein abgeklopft und wollte gerne wissen, was daran wäre und was sie trügen. Und

allezeit habe ich noch ein paar Äpfel oder Birnen heruntergeklopft.

*

37 Verleihe uns deine Gnade, daß wir die Heilige Schrift wohl und fleißig studieren, Christus darin suchen und finden und durch ihn das ewige Leben haben. Dazu hilf uns, lieber Gott, mit Gnaden.

*

38 Wie einer lieset in der Bibel,
so steht in seinem Haus der Giebel.

Bierbrauer

39 Wer das Bierbrauen erfunden hat, der ist ein Unheil für Deutschland gewesen.

Billig

40 Wenn ein Ding wohlfeil ist, so achtet man's nicht, und da sollte man's zu Rate halten.

Böse

41 Es geht uns nach dem bekannten Sprichwort: Was Böses in unseren eigenen Häusern geschieht, das erfahren wir am allerletzten;

wenn es alle Leute durch alle Gassen getragen haben, erst dann erfahren wir es selber.

*

42 Es wird noch so böse werden auf Erden, daß man in allen Winkeln wird schreien: O Herr, komm mit dem jüngsten Tage!

*

43 Tyrannen sind böse, Häretiker sind schlechter, am schlimmsten aber sind die falschen Brüder.

Brautwahl

44 Wenn man heiraten will, soll man nicht nach dem Vater, sondern nach dem Ruf der Mutter des jungen Mädchens fragen. Warum? Weil das Bier im allgemeinen nach dem Faß riecht.

Buße

45 Buße heißt nicht allein, in bezug auf das äußerliche Leben frömmer werden, sondern durch Christus auf Gottes Güte trauen und an die Vergebung der Sünden glauben.

*

46 Die Buße währt bei den Christen bis in den Tod; denn sie beißt sich mit der übrigen Sünde im Fleisch durchs ganze Leben.

47 Wenn unser Meister und Herr Jesus Christus spricht: Tut Buße, so will er, daß das ganze Leben seiner Gläubigen eine stete und unaufhörliche Buße sein soll.

Christen

1 Christen sind ein seliges Volk, die können sich freuen im Herzen und rühmen und pochen und tanzen und springen. Man findet keinen fröhlicheren Menschen als den, so ein gottesfürchtiger Christ ist.

*

2 Des Christen Herz ist eine feine Tafel, darinnen geschrieben ist, daß er selig werde durch Christum.

*

3 Die Christen lehren den rechten Wandel und alle Tugenden besser als irgendjemand anderes, weil sie den Glauben dabei hinzunehmen.

*

4 Die rechten Christen sind Gottes Reich, nicht aber die Maul- und gefärbten Christen.

5 Ein Christ ist ein solcher Mensch, der gar keinen Haß noch Feindschaft wider jemand weiß, keinen Zorn noch Rache in seinem Herzen hat, sondern eitel Liebe, Sanftmut und Wohltat.

*

6 Ein Christ muß diese drei Eigenschaften haben: Er muß geben, leihen und leiden.

*

7 Ein Christ sagt: Ich will tun, soviel ich kann, aber Christus ist der Bischof unserer Seelen, an dem will ich hangen, obwohl ich ein Sünder bin. So bleibt man bestehen.

*

8 Ein Christ soll ein fröhlicher Mensch sein.

*

9 Ein Christ soll wenig Wort und viel Tat machen.

*

10 Ein Christ sollte in diesem Reim: «Ich lebe und weiß nicht, wie lang; ich muß sterben, weiß auch nicht wann; ich fahr' von dann', weiß nicht wohin, mich wundert, daß ich so fröhlich bin» – die letzten zwei Verse ändern und mit fröhlichem Mund und Herzen so reimen: «Ich fahr' und weiß, Gott Lob, wohin, mich wundert, daß ich so traurig bin.»

11 Lieber Vater im Himmel, verleih uns um deines lieben Sohnes Christi willen deinen Heiligen Geist, daß wir rechte Schüler Christi werden und ein Herz haben, in dem ein unerschöpfter Quell der Liebe sei, die nimmermehr versiegt.

*

12 Wir sind des Herrn Christi Eigentum. Er wird das Seine wohl bewahren; und wir Christen sind auch Herren über Tod, Sünde und Teufel, die sollen keine Macht an uns finden.

Christ sein

13 Ein Christenleben soll ein Krieg sein, und die das Wort haben, sollen vorhergehen in der Heerspitze, das Schwert in der Faust haben und den Haufen hinter sich herziehen, gerüstet sein und allerwege auf die Puffe warten, wie in einer rechten Schlacht; sonst liegen wir bald darnieder.

*

14 Ein christlich Leben steht in dreien Stücken: in Glauben, Liebe und Kreuz.

*

15 Ein Christ sein ist, das Evangelium haben und daran glauben.

16 Einer sollte des andern täglich Brot werden, einer sollte des anderen Christus sein.

*

17 Eines Christen Handwerk ist Beten.

*

18 Es sind auch viele, die da sagen: Ich bekenne das Evangelium nicht, ich höre es gern. Ist nicht genug! Hast du das Evangelium und weißt, was es will, so mußt du bei deiner Seele Seligkeit das bekennen, es gebe hernach, was es wolle; sonst bist du kein Christ.

*

19 Glaubst du, so redest du. Redest du, so mußt du leiden. Leidest du, so wirst du getröstet. Denn Glaube, Bekenntnis und Kreuz gehören zueinander und stehen einem rechten Christen zu.

*

20 Ich muß jedermann tröstlich und nicht schädlich sein, will ich ein rechter Christ sein.

*

21 In diesen zwei Stücken besteht das ganze christliche Leben: Glaube an Gott, hilf deinem Nächsten.

*

22 Wer ein Christ sein will, der muß Christus alles verantworten lassen.

23 Wie man Christus hält, so hat man ihn.

Christus

24 Beweis dein Macht, Herr Jesu Christ,
der du Herr aller Herren bist;
beschirm dein arme Christenheit,
daß sie dich lob in Ewigkeit.

*

25 Christus ins Fleisch ziehen ist sehr tröstlich.

*

26 Christus ist ein allgemeines Gut.

*

27 Christus ist mein unmittelbarer, wie sie sagen, Bischof, Abt, Prior, Herr, Vater und Meister. Einen andern kenne ich nicht mehr.

*

28 Christus ist unbegreiflich, niemand kann ihn in diesem Leben auslernen, daß er recht verstünde, was und wer er wäre; denn er ist Gott.

*

29 Christus kümmert sich um politische oder wirtschaftliche Fragen nicht, sondern er ist ein König, das Reich des Teufels zu zerstören und die Menschen selig zu machen.

30 Christus trägt uns auf seinem Rücken vor den Vater.

*

31 Dieser Bettelkönig Christus hilft nicht allein wider eine Sünde, sondern wider alle meine Sünde, und nicht allein wider meine Sünde, sondern der ganzen Welt Sünde. Er kommt und will wegnehmen nicht allein die Krankheit, sondern den Tod, und nicht allein meinen Tod, sondern der ganzen Welt Tod.

*

32 Ein Trunk Wassers, wenn einer nichts Besseres haben kann, ist eine gute Arznei wider den Durst. Ein Stück Brot stillt den Hunger, und wer seiner bedarf, trachtet mit Fleiß danach, daß er's bekomme. So ist Christus die beste, gewisse, einzige Arznei wider den Tod.

*

33 Ich weiß nichts und will nichts wissen in göttlichen Sachen nur allein von meinem Herrn Christo, der soll allein alles sein, was meine Seligkeit betrifft und zwischen Gott und mir zu handeln ist.

*

34 Wenn Christus redet, so soll man beide Ohren fegen.

35 Wohlan, der Herr Jesus Christus heißt der Mann, und der rechte Mann, welcher in uns streitet, in uns siegt, in uns triumphiert. Er soll und muß doch sein, und wir mit ihm und in ihm. Da wird nichts anderes draus, laß zürnen die Pforten der Hölle.

Dankbarkeit

1 Alles, was wir Gutes tun können, ist Dankbarkeit gegen Gott.

*

2 Das Gott-Danken ist der Christen eigentliche Tugend und höchster Gottesdienst.

*

3 So danken, Gott, und loben dich
die Heiden überalle,
und alle Welt, die freue sich
und sing mit großem Schalle,
daß du auf Erden Richter bist
und läßt die Sünd nicht walten;
dein Wort die Hut und Weide ist,
die alles Volk erhalten,
in rechter Bahn zu wallen.

Es danke, Gott, und lobe dich
das Volk in guten Taten.
Das Land bringt Frucht und bessert sich,
dein Wort ist wohl geraten.
Uns segne Vater und der Sohn,

uns segne Gott der heilge Geist,
dem alle Welt die Ehre tu,
vor ihm sich fürchte allermeist.
Nun sprecht von Herzen: Amen.
(Psalm 67)

*

4 Vor einem Baum, von dem man Schatten hat, soll man sich verneigen.

*

5 Wir können gegen Gott kein größer noch besser Werk tun noch edleren Gottesdienst erzeigen, denn danken.

Demut

6 Allein Gott soll man die Weisheit und Ehre geben, wir sind Narren und elende Pfuscher mit unserm Tun und Kunst.

*

7 Demut – das ist die feinste, lieblichste Tugend der Liebe.

*

8 Falsche Demut weiß nimmer, daß sie Hochmut ist; denn wo sie das wüßte, würde sie bald demütig von dem Ansehen der häßlichen Untugend.

9 Gut macht Mut,
Mut macht Armut,
Armut macht Demut.

*

10 Poeten, Juristen und schönen Mädchen ist es erlaubt, auf ihre Gabe stolz zu sein. Aber in der Heiligen Schrift muß sich ein jeglicher demütigen.

*

11 Rechte Demut weiß nimmer, daß sie demütig ist: denn wo sie es wüßte, so würde sie hochmütig von dem Ansehen derselben schönen Tugend; sondern sie haftet mit Herz, Mut und allen Sinnen in den geringen Dingen, die hat sie ohne Unterlaß in ihren Augen.

Diebstahl

12 Dieberei ist die häufigste Nahrung in der Welt.

*

13 Untreue ist auch Dieberei.

Dienen

14 Gott gebe, daß ein jeder seinen Nächsten dafür ansehe, wenn er ihm dient, daß es Gott sei gedient, so würde die ganze Welt voll Gottesdienst sein.

15 Gottes Güter müssen fließen aus einem in den andern und gemeinsam werden, daß ein jeglicher sich seines Nächsten annehme, als wäre er's selbst.

*

16 Wisse, daß Gott dienen nichts anders ist denn deinen Nächsten dienen und mit Liebe wohltun.

Diesseits und jenseits

17 Alles im Leben ist wie ein Schattenbild des Zukünftigen.

*

18 Darum läßt's Gott in der Welt so seltsam und verwirrt und übel durcheinander zugehen, daß wir uns nach dem künftigen Leben sehnen.

*

19 Das natürliche Leben ist ein Stücklein vom ewigen Leben.

*

20 Der seligen Hoffnung und des himmlischen Erbes wird leider allzu oft vergessen; aber des zeitlichen Lebens und des vergänglichen Reiches auf Erden wird allzu viel gedacht. Dies Vergängliche hat man stets im Gesicht, denkt dran, sorgt dafür und freut sich darüber, aber jenem Unvergänglichen kehrt man den

Rücken; diesem jagt man nach Tag und Nacht, jenes schlägt man in den Wind. Nun sollte es wahrlich bei den Christen nicht so sein, sondern das Gegenteil sollte sein.

*

21 Diese Welt ist Gott nur eine Vorbereitung zu jener Welt.

*

22 Ein Christ sollte dies zeitliche Leben nur mit zugetanen Augen und blinzelnd anschauen; aber das zukünftige, ewige Leben sollte er mit ganz aufgetanen Augen und mit klarem, hellem Licht ansehen und sollte nur mit der linken Hand in diesem Leben auf Erden sein, aber mit der rechten Hand und mit der Seele und ganzem Herzen sollt er in jenem Leben sein im Himmel und desselben in gewisser Hoffnung allzeit fröhlich warten.

*

23 Gleich wie Gott alles aus nichts macht und aus Finsternis das Licht schafft, so macht auch sein Wort, daß im Tode nichts denn Leben sein muß.

*

24 Mitten wir im Leben sind
mit dem Tod umfangen.
Wer ist, der uns Hilfe schafft,
daß wir Gnad erlangen?
Das bist du, Herr, alleine.

Uns reuet unsre Missetat,
die dich, Herr, erzürnet hat.
Heiliger Herre Gott,
heiliger, starker Gott,
heiliger, barmherziger Heiland, du ewiger Gott,
laß uns nicht versinken in des bittern Todes Not.
Kyrieleison.

Mitten in dem Tod anficht
uns der Hölle Rachen.
Wer will uns aus solcher Not
frei und ledig machen?
Das tust du, Herr, alleine.
Es jammert dein Barmherzigkeit
unsre Klag und großes Leid.
Heiliger Herre Gott,
heiliger, starker Gott,
heiliger, barmherziger Heiland, du ewiger Gott,
laß uns nicht verzagen vor der tiefen Hölle Glut.
Kyrieleison.

Mitten in der Höllen Angst
unsre Sünd uns treiben.
Wo solln wir denn fliehen hin,
da wir mögen bleiben?
Zu dir, Herr Christ, alleine.
Vergossen ist dein teures Blut,
das gnug für die Sünden tut.
Heiliger Herre Gott,

heiliger, starker Gott,
heiliger, barmherziger Heiland, du ewiger Gott,
laß uns nicht entfallen von des rechten Glaubens Trost.
Kyrieleison.

*

25 Unser Leben soll nichts anderes sein als ein stetes Verlangen und Warten auf das zukünftige Leben.

*

26 Was ist ein christlich Leben denn ein Anfang des ewigen Lebens?

*

27 Wenn unser Herrgott in dieses elende Leben so edle Gaben wie die Musik gegeben hat, was wird erst im ewigen Leben geschehen, wo alles am allervollkommensten und lustigsten wird.

*

28 Werden wir auch nach dem Fleisch durch einen noch so harten Riß getrennt, so dürfen wir doch in jenes Leben blicken und sehen uns einst durch das lieblichste Band verknüpft und in jenem einen geschart, der uns so geliebt hat, daß er uns durch sein eigenes Bluten und Sterben solches Leben erworben hat. «Wir leben oder sterben, so sind wir des Herrn», wie Paulus sagt. Es ist ja für uns ein herrlicher Abschluß, wenn wir im lauteren Glauben an den Sohn Gottes entschlafen.

Dreieinigkeit

29 Der du bist drei in Einigkeit,
ein wahrer Gott von Ewigkeit.
Die Sonn mit dem Tag von uns weicht,
laß leuchten uns dein göttlich Licht.

Des Morgens, Gott, dich loben wir,
des Abends auch beten vor dir;
unser armes Lied rühmet dich
jetzt und immer und ewiglich.

Gott Vater, dem sei ewig Ehr,
Gott Sohn, der ist der einig Herr,
und dem Tröster Heiligen Geist
von nun an bis in Ewigkeit.
Amen.

Durst

30 Wie kommt's, daß der erste Trunk aus der Kanne am besten schmeckt?

Edel

1 Es ist keine Tugend, edel geboren werden, sondern sich edel machen.

Ehe

2 Ach, lieber Herrgott, die Ehe ist nicht etwas Natürliches oder Naturbedingtes, sondern sie ist ein Geschenk Gottes.

*

3 Der ist ein seliger Mann, der eine gute Ehe hat, wiewohl es eine seltsame Gabe ist.

*

4 Die Ehe bringt allerhand Beschwerlichkeiten mit sich.

*

5 Die fleischliche Verbindung tut's nicht; es muß da sein, daß Sitten und Sinnesart übereinstimmen.

*

6 Die höchste Gnade Gottes ist es, wenn in der Ehe die Liebe dauernd blüht.

*

7 Eheleute müssen gute Menschen sein, und Frieden in der Ehe haben ist eine Gabe, die dem Evangelium am nächsten kommt.

*

8 Ehestand ist ein seliger Stand und Gott wohlgefällig.

9 Es gibt keine lieblichere Gemeinschaft als die einer guten Ehe, und nichts ist schmerzlicher, als wenn eine gute Ehe aufgelöst wird.

*

10 Es ist ein groß Ding um das Bündnis und die Gemeinschaft zwischen Mann und Frau.

*

11 Es ist eine besondere und große Gnade, wenn sich die Leute in der Ehe gut vertragen.

*

12 Es ist kein lieblicher, freundlicher noch holdseliger Verwandtnis, Gemeinschaft und Gesellschaft denn eine gute Ehe, wenn Eheleute miteinander in Fried und Einigkeit leben.

*

13 Es werden viel mehr Arme reich, die im Namen Gottes heiraten, als daß Reiche reich bleiben, die um des Geldes willen heiraten.

*

14 Gott hat über den Ehestand ein Kreuz gemacht und wacht auch über ihm.

*

15 Ich habe viele Paare Ehevolks gesehen, die in so großer Brunst zusammengekommen sind, daß sie einander vor Liebe haben fressen wollen, aber über ein halbes Jahr, da liefen sie wieder voneinander.

16 Liebe Tochter, halte dich also gegen deinen Mann, daß er fröhlich wird, wenn er auf dem Heimwege des Hauses Spitzen sieht. Und wenn der Mann mit seiner Frau so lebt und umgeht, daß sie ihn nicht gerne weggehen sieht, und fröhlich wird, wenn er heimkommt, da steht es gut.

*

17 Mir ist gottlob wohl geraten; denn ich habe ein fromm, treu Weib, auf welches sich des Mannes Herz verlassen darf.

*

18 O, wie wohl stehet's, wenn Eheleute miteinander zu Tische und Bette gehen; ob sie gleich zuweilen schnurren und murren, das muß nicht schaden; es gehet in der Ehe nicht allzeit schnurgleich zu.

*

19 Wenn ein Greis eine junge Frau heiratet, so heißt das den Greis bürgerlicher- und natürlicherweise töten.

*

20 Wenn ein Mann sein Weib liebt, so ist sie ihm die Schönste und Liebste.

*

21 Wer sein Weib, das ihm von Gott gegeben ist, und umgekehrt ein Weib ihren Mann liebhaben kann, das ist eine große Gnade und Gabe Gottes.

Ehelosigkeit

22 Eheloser Stand, der Cölibat und Hurerei, sind der Regiment und Welt Pestilenz und Gift.

Einigkeit

23 Also soll es zugehen, wenn man will Einigkeit machen, da muß einer dem anderen nachgeben und nachlassen; sonst wenn ein jeglicher will Recht haben und keiner dem anderen weichen und fein zusammenrücken, da wird nimmermehr Einigkeit.

*

24 Wir wollen alle gern Einigkeit haben, aber das Mittel zur Einigkeit sucht niemand, welches wäre gegenseitige Liebe.

Engel

25 Wenn uns nicht Gott hätte die lieben heiligen Engel zu Hütern und Hackeschützen (Heckenschützen) zugegeben, welche gleich einer Wagenburg sich um uns lagern, so wäre es bald mit uns aus.

Erbe

26 Ich kann euch nichts hinterlassen als meine Armseligkeit, aber dafür einen reichen Gott.

Erfahrung

27 Paulus und Petrus sind erfahrene Leute gewesen; sie müssen Frau und Kinder gehabt haben.

Erfolg

28 Wenn das Ende gut ist,
so ist alles gut;
Anfangen ist leicht.

Ergebung

29 Das Sprichwort sagt: Man soll ein fallendes Messer nicht hindern, sondern soll Hände und Füße still halten.

*

30 Ein Christ trotzt und spricht: Will mich Gott nicht lebendig haben, so will ich sterben; will er mich nicht reich haben, so will ich arm sein.

31 Lieber Gott, was du mir geben wirst, will ich mit fröhlichem Herzen zu Dank annehmen. Was du mir aber nicht geben wirst, darauf will ich gerne verzichten.

*

32 Mir hat Gottes Weise oft übel gefallen; aber jetzt rede ich ihm nicht drein.

*

33 Will mich Gott haben, so will ich gerne leben und noch tun, was ich vermag; will er es aber anders haben, so geschehe auch meines Vaters Wille, und ich ergebe mich ganz seiner Gnade.

Erhörung

34 Das weiß ich, so oft ich mit Ernst gebetet habe, weil es mir recht ernst gewesen ist, so bin ich ja reichlich erhört worden und habe mehr erlangt, denn ich gebeten habe! Wohl hat Gott bisweilen verzogen, aber es ist dennoch kommen.

*

35 Der Herr höret der Bedrängten und Angefochtenen Seufzen genau.

*

36 Du mußt das Amen allerwege stark machen und nicht zweifeln, Gott höre dir zu gewißlich mit allen Gnaden und sage Ja zu deinem Gebet.

37 Gott erhört gewiß, die im Glauben bitten, obwohl nicht zur selben Stunde, noch auf die Weise und in der Sache, die sie vorschreiben; sondern wann und wie es ihm gefällt, und er weiß, daß es uns nütze ist.

*

38 Ich weiß, daß du um Jesu willen gern alles geben und schenken willst: in seinem Namen trete ich jetzt vor dich und bitte und zweifle gar nicht, daß mein Gebet erhört sei, wie auch immer es um mich stehen mag.

*

39 Lieber Gott und Vater, ich weiß gewiß, daß du mich liebhast; denn ich habe deinen Sohn und meinen Erlöser lieb. In solchem Vertrauen und Zuversicht will ich dich jetzt getrost bitten. Du wollest mich erhören und mir geben, was ich bitte.

*

40 Mein Gott, du hast geboten zu bitten und zu glauben, daß die Bitte erhört werde. Darauf bitte ich und verlasse mich darauf: du wirst mich nicht verlassen und mir den rechten Glauben geben.

*

41 Unser Herrgott gibt alle Mal mehr, als wir bitten.

42 Von Herzen bitten und armer Leute Klagen richten ein Geschrei an, daß es alle Engel im Himmel hören müssen.

Erkenntnis

43 Wer die Erkenntnis der Sache nicht hat, dem wird die Erkenntnis der Worte nicht helfen.

Erkenntnis Gottes

44 Der Glaube lehrt Gott erkennen und lehrt, was wir für einen Gott haben.

*

45 Gott recht erkennen, ist erkennen, daß eitel Güte und Gnade bei ihm ist.

Erkenntnis Christi

46 Alsdann erst erkennen wir Christus, wenn er in eines jeglichen Herzen selbst Lehrmeister ist und wenn er uns das Brot bricht.

Erlösung

47 Herr, ich bin dein Sünde, du meine Gerechtigkeit, darum bin ich fröhlich und triumphiere unerschrocken. Denn meine Sünde überwäget und überwältigt deine Gerechtigkeit nicht, auch wird deine Gerechtigkeit mich nicht einen Sünder lassen sein noch bleiben. Gelobet seiest du, Herr und treuer Gott, in Ewigkeit.

*

48 Herr Jesus Christus, du bist meine Gerechtigkeit, ich aber bin deine Sünde: Du hast auf dich genommen, was mein ist, und mir gegeben, was dein ist. Du hast auf dich genommen, was du nicht warst, und hast mir gegeben, was ich nicht war.

*

49 Nun freut euch, lieben Christen gmein,
und lasst uns fröhlich springen,
daß wir getrost und all in ein
mit Lust und Liebe singen,
was Gott an uns gewendet hat
und seine süße Wundertat;
gar teur hat er's erworben.

Dem Teufel ich gefangen lag;
im Tod war ich verloren;
mein Sünd mich quälte Nacht und Tag,
darin ich war geboren.
Ich fiel auch immer tiefer drein;
es war nichts gut am Leben mein;
die Sünd hatt' mich besessen.

Mein guten Werk, die galten nicht,
mit ihnen war's verdorben;
der frei Will haßte Gottes Gricht,
zum Guten gar erstorben.
Die Angst mich zu verzweifeln trieb,
daß nichts denn Sterben bei mir blieb;
zur Hölle mußt ich sinken.

Da jammert Gott in Ewigkeit
mein Elend übermaßen;
er dacht an sein Barmherzigkeit,
er wollt mit helfen lassen.
Er wandt zu mir das Vaterherz;
es war bei ihm fürwahr kein Scherz;
sein Bestes ließ er's kosten.

Er sprach zu seinem lieben Sohn:
«Die Zeit ist hie z'erbarmen.
Fahr hin, meins Herzens werte Kron,
und sei das Heil dem Armen
und hilf ihm aus der Sünden Not;
erwürg für ihn den bittern Tod
und laß ihn mit dir leben.»

Der Sohn dem Vater ghorsam ward;
er kam zu mir auf Erden,
von einer Jungfrau rein und zart;
er sollt mein Bruder werden.
Gar heimlich führt er sein Gewalt;
er ging in meiner armen Gstalt;
den Teufel wollt er fangen.

Er sprach zu mir: «Halt dich an mich,
es soll dir jetzt gelingen;

ich geb mich selber ganz für dich,
da will ich für dich ringen;
denn ich bin dein, und du bist mein,
und wo ich bleib, da sollst du sein;
uns soll der Feind nicht scheiden.

Vergießen wird er mir mein Blut,
dazu mein Leben rauben;
das leid ich alles dir zugut;
das halt mit festem Glauben.
Den Tod verschlingt das Leben mein;
mein Unschuld trägt die Sünde dein;
so bist du selig worden.

Gen Himmel zu dem Vater mein
fahr ich von diesem Leben;
da will ich sein der Meister dein;
den Geist will ich dir geben,
der dich in Trübnis trösten soll
und lehren mich erkennen wohl
und in der Wahrheit leiten.

Was ich getan hab und gelehrt,
das sollst du tun und lehren,
daß Gottes Reich hier werd gemehrt
zu Lob und seinen Ehren;
und hüt dich vor der Menschen Gsatz,
davon verdirbt der edle Schatz;
das laß ich dir zur Letze.»

*

50 Sieh nicht weder auf dich noch auf deine Verdienste, sonst wirst du ersaufen. Sondern gehe hin von dir aus und gehe hin zu Christus, welcher das Lamm Gottes ist und das Opfer für unsere Sünden, so aller unser Sünden auf sich genommen und an seinem Leibe überwunden hat, in welchem der Teufel und der Tod gekreuzigt ist; das ist die eigene Art und Weise, den Tod zu verachten.

Ermahnung

51 Wenn ein Mensch weiß, was er tun und lassen soll, dann muß er auch weiter ermahnt werden, damit er nicht faul und lässig werde.

Erziehung

52 Christus, da er Menschen ziehen wollte, mußte er Mensch werden. Sollen wir Kinder ziehen, so müssen wir auch Kinder mit ihnen werden.

*

53 Das größte Werk, das du tun kannst, ist, daß du dein Kind recht erziehst, wenn du gleich am Sonntag nicht in die Kirche kommst und keine Messe oder Predigt hörst – erziehe nur dein Kind recht!

*

54 Ohne Übung und Erfahrung kann niemand gelehrt werden.

55 Was Vater und Mutter nicht erziehen können, das erzieht der Teufel.

Essen

56 Gott gibt mir Brot und Wasser nicht darum, daß ich essen und trinken soll wie ein Pferd oder Esel, sondern daß ich aus einer solchen leiblichen Gabe seine Güte erkennen und mich derselben auch in andern Nöten trösten soll.

Evangelium

57 Das Evangelium bietet uns an: Gottes Gab und Geschenk, Hülfe und Heil, heißt uns nur den Sack herhalten und uns lassen geben.

*

58 Das Evangelium ist Gottes Kraft.

*

59 Das Evangelium kommt von Gott, zeigt Christus und fordert Glauben.

*

60 Das Evangelium ist wie ein frisches, sanftes, kühles Lüftlein in der großen Hitze des Sommers, das heißt ein Trost in der Angst der Gewissen.

61 Der wahre Schatz der Kirche ist das heilige Evangelium von der Herrlichkeit und Gnade Christi.

*

62 Evangelium ist ein Licht in der Welt, das die Menschen erleuchtet und zu Kindern Gottes macht.

*

63 Evangelium ist eitel Freude.

*

64 Siehe, das heißt das Evangelium recht erkennen, das ist: die überschwängliche Güte Gottes, die kein Prophet, kein Apostel, kein Engel hat je mögen ausreden, kein Herz je genug kann verwundern und begreifen. Das ist das große Feuer der Liebe Gottes zu uns, davon wird das Gewissen froh, sicher und zufrieden.

*

65 Wo das wahre Evangelium ist, da ist Armut.

Extreme

66 Die höchste Knechtschaft und die höchste Freiheit sind beide etwas sehr Schlechtes.

Familie

1 Dein Weib wird in deim Hause sein
wie die Rebe voll Trauben fein
und die Kinder um deinen Tisch
wie Ölpflanzen gesund und frisch.

*

2 Die Familie ist die Quelle des Segens und Unsegens der Völker, die Ehe der Grund und Schlußstein der Familie.

Faulheit

3 Faule Hände müssen ein böses Jahr haben.

*

4 Von der Arbeit stirbt kein Mensch; aber von Ledig- und Müßiggehen kommen die Leute um Leib und Leben; denn der Mensch ist zur Arbeit geboren wie der Vogel zum Fliegen.

*

5 Wer die Buchstaben gering achtet, der wird nimmermehr etwas Großes lernen.

*

6 Wer eine Stunde versäumt, der versäumt auch wohl einen Tag.

Feiern

7 Man soll feiern um Gottes willen.

Feindesliebe

8 Wir müssen unsere Feinde lieben, ihnen vergeben und gnädig sein, damit die Liebe und Gnade nicht falsch ist und wir samt allem, was wir lieben, zum Teufel fahren.

Folgen

9 Die Arznei macht kranke, die Mathematik traurige und die Theologie sündhafte Leute.

*

10 So stark wir glauben, so stark müssen wir uns auch notwendig freuen.

*

11 Wenn das Herz bekümmert und traurig ist, folgt daraus auch des Leibes Schwachheit.

*

12 Wo die Wurzel nicht gut ist, da kann weder Stamm noch gute Frucht folgen.

Frauen

13 Eine Frau ist der beste Gefährte fürs Leben.

*

14 Es ist kein besser Hausrat,
Denn der ein fromm Weib hat.
Ein fromm Weib erhält bei Ehren,
Obsgleich nicht reich ist.

*

15 Wenn das weibliche Geschlecht anfängt, die christliche Lehre aufzunehmen, dann ist es viel eifriger in Glaubensdingen als Männer.

*

16 Wohlan, wenn man dies Geschlecht, das Weibervolk, nicht hätte, so fiele die Haushaltung, und alles, was dazu gehört, läge gar darnieder; darnach das weltliche Regiment, Städte und die Polizei. Summa: die Welt kann des Weibervolks nicht entbehren, nicht einmal wenn die Männer selber könnten Kinder tragen.

Frauenart

17 Frauen reden über die Dinge des Haushalts mit großer Liebe und außerordentlicher Beredsamkeit, und zwar so, daß sie sogar

Cicero in den Schatten stellen. Was sie mit der Beredsamkeit nicht erreichen können, das setzen sie mit Tränen durch, wie auch Cicero sagt.

Frauenherrschaft

18 Weiberregiment hat nie etwas Gutes ausgerichtet.

*

19 Wenn die Frauen über ihre Haushaltungsfragen hinaus über öffentliche Angelegenheiten reden, so taugt das nichts. Denn wenn es ihnen auch an Worten nicht fehlt, so fehlt es ihnen doch am richtigen Verständnis für die Sache – aber sie reden.

Frauenliebe

20 Es ist kein lieber Ding auf Erden
Denn Frauenliebe,
Wem sie kann zuteil werden.

Frauenschönheit

21 Brüste sind eines Weibes Schmuck, wenn sie ihre Proportionen haben.

22 Schönen Mädchen ist es erlaubt, auf ihre Gabe stolz zu sein.

Frau und Mann

23 Es ist klar, daß die Frau für den Haushalt geschaffen ist, der Mann aber für das öffentliche Leben, für Kriegs- und Rechtsgeschäfte.

*

24 Gott schuf Mann und Frau; die Frau sich zu mehren, den Mann zu nähren und zu wehren.

Freiheit

25 Christliche oder evangelische Freiheit ist die Freiheit des Gewissens.

*

26 Ich kann mich nicht mit Worten binden lassen.

*

27 Siehe, das ist die rechte geistliche, christliche Freiheit, die das Herz frei macht von allen Sünden, Gesetzen und Geboten, welche alle andere Freiheit übertrifft wie der Himmel die Erde. Gott gebe uns, daß wir diese Freiheit recht verstehen und behalten!

Freimütigkeit

28 Ich lobe mir die offenen und ehrlichen Menschen, die mit Wort und Miene zeigen, was sie meinen, die nicht lügen und heucheln.

*

29 Man soll niemand verurteilen und tadeln hinter seinem Rücken.

Freude

30 Die Freude ist der Doktorhut des Glaubens.

*

31 Es ist dem lieben Gott recht, wenn du einmal aus Herzensgrund dich freust oder lachst.

*

32 Freude und guter Mut in Ehren und Zucht ist die beste Arznei eines jungen Menschen, ja aller Menschen.

*

33 Ohne Gott sucht man Freude, wo keine ist.

*

34 Wir können an der Freude den Mangel unseres Glaubens erkennen. Denn wie stark wir glauben, so stark müssen wir uns auch notwendig freuen.

Freude und Leid

35 Ihr habt zwar wohl Ursach zu trauern, wie ihr meinet, aber es ist nichts denn ein guter Zucker, vermischt mit Essig. Sehet nicht auf den Essig allein, laßt den Zucker auch etwas gelten!

*

36 Wenn ein Mensch fröhlich ist, so erfreut ihn ein kleines Bäumlein, ja ein schönes Blümlein oder Sträuchlein; wenn er aber traurig ist, so darf einer schier keinen Baum recht ansehen.

Freundschaft

37 Die Glocken klingen viel anders, wenn einem ein lieber Freund stirbt, als sonst.

*

38 Es soll keiner einen für seinen vertrauten Freund halten, er habe denn zuvor einen Scheffel Salz mit ihm gegessen.

*

39 Gott zum Freund haben ist tröstlicher denn aller Welt Freundschaft haben.

Freund und Feind

40 Gott schütze mich vor meinen Freunden – wider meine Feinde wehre ich mich selber.

Friede

41 Der christliche Friede ist im Herzen, ob es gleich außen große Verfolgung, Angst, Not und Widerwärtigkeit leidet.

*

42 Es ist wohl ein halb Himmelreich, wo Friede ist.

*

43 Verleih uns Frieden gnädiglich,
Herr Gott, zu unsern Zeiten.
Es ist doch ja kein andrer nicht,
der für uns könnte streiten,
denn du, unser Gott, alleine.

Gott, gib Fried in deinem Lande,
Glück und Heil zu allem Stande.

Fröhlichkeit

44 Das Fröhlichsein ist eine Pflicht, die sonderlich Christen zukommt.

45 Gott will, daß wir fröhlich seien, und haßt alle Traurigkeit.

*

46 Ist nun jemand fröhlich, so sollen wir nicht sauer dreinschauen wie die Heuchler, die etwas Besonderes sein wollen und mit ihrem unzeitigen Ernst sich allein weise und heilig dargeben und alle, die fröhlich sind und nicht mit ihnen sauer sehen, zu Narren und Sündern machen; sondern es soll uns ihre Freude gefallen, wo sie nicht wider Gott ist.

*

47 Man findet keinen fröhlicheren Menschen als den, so ein gottesfürchtiger Christ ist.

*

48 So hat auch Gott geboten, man solle fröhlich vor ihm sein, und will kein trauriges Opfer haben.

Frömmigkeit

49 Christus fordert nicht äußerliche Frömmigkeit, sondern des Herzens Frömmigkeit.

*

50 Willst du die rechte Frömmigkeit, die vor Gott gilt, erlangen, so mußt du gänzlich an dir

verzweifeln und in Gott allein trauen, mußt dich Christo ganz und gar ergeben und dich seiner annehmen, also, daß alles dein ist, was er hat, und was dein ist, sein sei.

Führung Gottes

51 Es ist unser Herrgott ein solcher Gewerbsmann, daß er nur an schweren Meisterstücken seine Lust hat, nicht an geringem Schnitzwerk. Auch arbeitet er sonderlich gern aus dem Ganzen. Darum hat er von alten Zeiten her recht hartes Holz und harte Steine sich vor allem auserlesen, um seine feine Kunst daran zu erweisen.

*

52 Gott hat mich geführt wie einen Gaul, dem die Augen verdeckt sind, damit er die nicht sieht, die auf ihn zurennen.

*

53 So ist es mit den Menschen Gottes, die vom Geist getrieben werden. Sie stellen sich zur Verfügung, wozu man sie auch berufe. Werden sie von Gott durch viel Leiden und Demütigungen geführt, sie wissen nicht, wohin sie geführt werden; sie überlassen sich Gott allein.

Fürbitte

54 Es soll jedermann für jedermann ernstlich bitten

Furchtlosigkeit

55 Ich fürchte nichts, weil ich nichts habe.

Gaben Gottes

1 Das kann ich wohl, daß ich unserm Herrgott sein Brot esse und sein Bier trinke; aber daß ich mich des nötigsten Schatzes so annehmen könnte: Vergebung der Sünden aus lauter Gnade, das will nicht folgen.

*

2 Gleichwohl ist's ein Wunder, daß wir dennoch in einer solchen Schwachheit so große Dinge ausrichten. Aber unser Herrgott, der gibt's.

*

3 Gott gibt durch Kreaturen.

*

4 Gott sorgt täglich auch für unseren Leib.

5 Unser Herrgott gönnet uns gern, daß wir essen, trinken und fröhlich sind und aller Kreaturen brauchen, denn darum hat er sie alle geschaffen. Er will nicht haben, daß wir sollen klagen, er habe uns nicht genug gegeben, er könne unsern armen Madensack nicht ernähren und füllen. Allein, wir sollen ihn als unsern Gott erkennen und für seine Gaben danken.

*

6 Unseres Herrgotts Güter genießen die bösen Buben am besten.

*

7 Wir können Gott nichts anderes geben als Lob und Dank, zumal wir alles andere von ihm empfangen, es sei Gnade, Wort, Werk, Evangelium, Glaube und alle Dinge.

Geben

8 Frei, einfältig soll man geben, aus lauter Liebe, willig!

Gebet

9 Das sollen wir wissen, daß alle unser Schirm und Schutz allein in dem Gebet steht.

10 Es ist auch eine große Herrlichkeit, daß sich die hohe Mejestät gegen uns arme Würmlein so herunterläßt, daß wir dürfen gegen ihn den Mund auftun und er uns gerne zuhört. Aber dies ist viel herrlicher und köstlicher, daß er mit uns redet und wir ihm zuhören.

*

11 Herr, es steht nicht in meinem Willen, daß ich bete oder nicht bete, du hast's geboten, darum erkenne ich, daß ich dir gehorsam sein soll.

*

12 In menschlichen Dingen richten wir alles durchs Gebet aus; was geordnet ist, das regieren wir; was geirrt ist, ändern und bessern wir, überwinden alles Unglück und erhalten alles Gute.

*

13 Je weniger Wort je besser Gebet; je mehr Wort je ärger Gebet.

*

14 Kurz soll man beten, aber oft und stark.

*

15 Lieber Gott, o daß wir so fleißig wären zu beten, zum wenigsten mit Seufzen des Herzens, wie du fleißig bist, mit Reizen, Locken, Gebieten, Verheißen und Nötigen zum Gebet. Ach, wir sind ja zu faul und undankbar. Das vergib du uns, lieber Gott, und stärke uns den Glauben.

16 Lieber Herr, ich soll und will beten auf dein Gebot und Verheißung. Kann ich's nicht gut machen, taugt und gilt es in meinem Namen nicht, so laß es gelten und gut sein im Namen meines Herrn Christus.

*

17 Nicht beten ist Gott verachten.

*

18 Niemand glaubt, wie kräftig und stark das Gebet ist und wieviel es vermag, als nur der, den es die Erfahrung gelehrt und der es versucht hat.

*

19 Was das Gebet an Kraft, Fülle und Wirksamkeit an sich habe, können wir, fürchte ich, nicht genug herausstreichen. Denn so schlicht und einfach es klingt, so tief, so reich und weit ist es, und niemand kann es ergründen.

*

20 Wenn ich so andächtig wäre zum Beten wie Peter Wellers Hund zum Essen, so wollt' ich noch heute mit Beten den jüngsten Tag herbeiführen; denn er denkt den ganzen Tag an nichts anderes, als seine Schüssel auszulecken.

*

21 Wie ein Schuster einen Schuh macht und ein Schneider einen Rock, also soll ein Christ beten. Eines Christen Handwerk ist Beten.

Geborgenheit

22 All unser Leben bis in den Tod hinein liegt in dem Schoß göttlicher Barmherzigkeit verschlossen.

*

23 Christus läßt wohl sinken,
Aber nicht ertrinken.

*

24 Ein feste Burg ist unser Gott,
ein gute Wehr und Waffen.
Er hilft uns frei aus aller Not,
die uns jetzt hat betroffen.
Der alt böse Feind,
mit Ernst er's jetzt meint;
groß Macht und viel List
sein grausam Rüstung ist;
auf Erd ist nicht seinsgleichen.

*

25 Ich glaube an Christus, der von der Jungfrau Maria geboren ist, der gelitten hat und gestorben ist, und verlasse mich darauf, daß er selber sagt: Wer zu mir kommt, den will ich nicht hinausstoßen.

*

26 In deinen Händen sind meine Zeiten, mein ganzes Leben, alle Tage, Stunden und Augenblicke.

27 Lieber Gott, in deiner Hand steht meine Seele, du hast sie erhalten in meinem Leben, ich habe nie erkennen können, wo sie sich befindet. Darum will ich auch nicht wissen, wohin du sie jetzt tun wirst. Das allein weiß ich gewiß: sie steht in deiner Hand, du wirst ihr gewiß helfen.

Gebote

28 Gott fürchten und Vertrauen erfüllt alle Gebote.

Geduld

29 Auf dieser Welt muß entweder bald gestorben oder geduldig gelebt werden.

*

30 Die beste Tugend ist die Geduld.

*

31 Es ist ein süßes, liebliches Kräutlein, das heißt Geduld.

Gegensätze

32 Der Aufschub ist das der Eile entgegengesetzte Laster.

33 Der Gehorsam gegen Gott ist der Gehorsam des Glaubens und guter Werke. Der Gehorsam aber gegen den Teufel ist der aus dem Unglauben zu bösen Werken und Aberglauben.

*

34 Der lebt am allerbesten, der sich selbst nichts lebt, und der lebt am allerärgsten, der sich selbst lebt.

*

35 Der Teufel gibt den Himmel vor der Sünde und nach der Sünde die Verzweiflung; Christus aber tut das Gegenteil: er gibt den Himmel nach der Sünde und macht ein fröhlich Gewissen.

*

36 Die menschliche Vernunft lehrt nur die Hände und die Füße, Gott aber das Herz.

*

37 Einen Reichen schilt man,
aber gibt ihn um Geld los.
Ein Armer muß herhalten.
Wer nicht Geld hat, bezahlt mit der Haut.

*

38 Gleich wie Gott loben und dankbar sein der höchste Gottesdienst ist, hier auf Erden und dort ewiglich, ebenso ist auch Undankbarkeit das allerschändlichste Laster und die höchste Unehre Gottes.

39 Heuchelei gibt Geld's genug, Wahrheit geht betteln.

*

40 Hoffen ist aus dem Geist Gottes, aber Verzweifeln ist aus unserem eigenen Geist.

*

41 Ich kann euch nichts hinterlassen als meine Armseligkeit, aber dafür einen reichen Gott.

*

42 Im Trauern Freud, in Freuden trauern;
Fröhlich im Herrn, traurig in uns sein.

*

43 Landstraße ist sicher, Holzweg ist gefährlich.
Gottes Wort führet zum Leben,
Aber Eigendünkel zum Tode.

*

44 Laßt uns in uns schwach sein, auf daß wir in Gott stark werden.

*

45 Vermaledeiet sei das Leben, das sich einer allein lebt und nicht seinem Nächsten; und wiederum: gebenedeiet sei das Leben, darin einer nicht ihm, sondern seinem Nächsten lebt.

46 Von der Arbeit stirbt kein Mensch; aber von Ledig- und Müßiggehen kommen die Leute um Leib und Leben; denn der Mensch ist zur Arbeit geboren wie der Vogel zum Fliegen.

*

47 Weißes kann man besser erkennen, wenn man Schwarzes dagegenhält.

*

48 Wenn ein Mensch fröhlich ist, so erfreut ihn ein klein Bäumlein, ja ein schönes Blümlein oder Sträuchlein; wenn er aber traurig ist, so darf einer schier keinen Baum recht ansehen.

Gegenwart

49 Die Christen müssen Gott für die gegenwärtigen Dinge dankbar sein.

*

50 Die Gegenwart, so gut und schön sie auch sein mag, verschmähen wir immer; wir streben nach dem, was wir nicht haben.

Gegenwart Gottes

51 Gott bleibt nicht außen, ob er gleich verzieht.

52 Gott der Vater wohn uns bei
und laß uns nicht verderben,
mach uns aller Sünden frei
und helf uns selig sterben.
Vor dem Teufel uns bewahr,
halt uns bei festem Glauben
und auf dich laß uns bauen,
aus Herzens Grund vertrauen,
dir uns lassen ganz und gar
mit allen rechten Christen,
entfliehen Teufels Listen,
mit Waffen Gotts uns fristen.
Amen, amen, das sei wahr,
so singen wir Halleluja.

Jesus Christus wohn uns bei …

Heilig Geist, der wohn uns bei …

*

53 Ich achte, daß man wohl wisse, daß des Herrn Haus heiße, wo er wohnt, und daß er wohnt, wo sein Wort ist, es sei auf dem Feld, in der Kirche oder auf dem Meer. Wiederum, wo sein Wort nicht ist, da wohnt er nicht, ist auch sein Haus nicht da, sondern der Teufel wohnt daselbst, wenn es auch gleich eine goldene Kirche wäre, von allen Bischöfen gesegnete.

Gehorsam

54 Der Gehorsam gegen Gott ist der Gehorsam des Glaubens und guter Werke.

55 Nach der Zuversicht und dem Glauben an Gott ist nichts größer als der Gehorsam gegen die Eltern.

*

56 Werke des Gehorsams soll man groß achten.

Heiliger Geist

57 Allein der Heilige Geist ist es, der in der Gewißheit des Glaubens an Christus ohne allen Zweifel einhergeht.

*

58 Der Heilige Geist hat mich durchs Evangelium berufen.

*

59 Der Heilige Geist ist mutig. Er ist der Mut und Trotz in Gefahr und Anfechtungen des Todes.

*

60 Der Heilige Geist macht einen Menschen nicht so bald vollkommen, sondern er muß wachsen und zunehmen.

*

61 Der Heilige Geist weiß, daß eine jegliche Sache für den Menschen so beschaffen und so viel wert ist, als seine Ansicht darüber beschaffen ist.

62 Die Gaben des Heiligen Geistes sind so verschieden, wie die Glieder des Leibes verschieden sind.

*

63 Du heiliges Licht, edler Hort,
laß leuchten uns des Lebens Wort
und lehr uns Gott recht erkennen,
von Herzen Vater ihn nennen.

*

64 Gott Heilger Geist, du Tröster wert,
gib deim Volk einen Sinn auf Erd;
steh bei uns in der letzten Not;
leit uns ins Leben aus dem Tod.

*

65 Komm, Gott, Schöpfer, Heiliger Geist,
besuch das Herz der Menschen dein.
Mit Gnaden sie fülle, weil du weißt,
daß sie dein Geschöpfe sein.

Denn du bist der Tröster genannt,
des Allerhöchsten Gabe teur,
ein geistlich Salb an uns gewandt,
ein lebend Brunn', Lieb und Feur.

Zünd uns ein Licht an im Verstand.
Gib uns ins Herz der Liebe Brunst.
Das schwach Fleisch in uns dir bekannt,
erhalt fest dein Kraft und Gunst.

Du bist mit Gaben siebenfalt
der Finger an Gottes rechter Hand.
Des Vaters Wort gibst du gar bald
mit Zungen in alle Land.

Des Feindes List treib von uns fern,
den Fried schaff bei uns deine Gnad,
daß wir deim Leiten folgen gern
und meiden der Seelen Schad.

Lehr uns den Vater kennen wohl,
dazu Jesus Christ, seinen Sohn,
daß wir des Glaubens werden voll,
dich beider Geist zu verstan.

Gott Vater sei Lob und dem Sohn,
der von den Toten auferstund,
dem Tröster sei dasselb getan
in Ewigkeit alle Stund.

*

66 Komm, Heiliger Geist, Herre Gott,
erfüll mit deiner Gnaden Gut
deiner Gläubgen Herz, Mut und Sinn;
dein brennend Lieb entzünd in ihn'.
O Herr durch deines Lichtes Glast
zum Glauben du versammelt hast
das Volk aus aller Welt Zungen;
das sei dir, Herr, zu Lob gesungen.
Halleluja. Halleluja.

Du heiliges Licht, edler Hort,
laß leuchten uns des Lebens Wort

und lehr uns Gott recht erkennen,
von Herzen Vater ihn nennen.
O Herr, behüt vor fremder Lehr,
daß wir nicht Meister suchen mehr,
denn Jesum mit rechtem Glauben
und ihm aus ganzer Macht vertrauen.
Halleluja. Halleluja.

Du heilige Glut, süßer Trost,
nun hilf uns fröhlich und getrost
in deim Dienst beständig bleiben;
laß Trübsal uns nicht wegtreiben.
O Herr durch dein Kraft uns bereit
und stärk des Fleisches Mattigkeit,
daß wir hier ritterlich ringen,
durch Tod und Leben zu dir dringen.
Halleluja. Halleluja.

*

67 Lieber Gott, gib uns den Heiligen Geist, der das gehörte Wort in unsere Herzen schreibe, so daß wir's annehmen und glauben und uns seiner in Ewigkeit freuen und trösten.

Geiz

68 Der schändliche verfluchte Geiz schreit über die Schnur und Maß.

*

69 Jeder Götzendiener ist geizig.

70 Wer keine Wohltat verlieren will, der möge nie eine erweisen.

Geld

71 Das gegenwärtige Geld läßt den gegenwärtigen Gott verachten.

*

72 Das Geld macht niemanden fröhlich.

*

73 Der ersparte Pfennig ist redlicher als der erworbene.

*

74 Der Welt ist alles um das Geld zu tun, als hinge Seele und Leib daran. Man verachtet Gott und den Nächsten und dient dem Mammon.

*

75 Die Sorge darum, wie man sein Geld erhält, ist die schrecklichste Knechtschaft.

*

76 Wer nicht Geld hat, bezahlt mit der Haut.

Gelegenheit

77 Braucht Gnade und Wort, weil es da ist!

78 Liebe Leute, kauft, weil der Markt vor der Tür ist, sammelt ein, weil es scheint und gut Wetter ist, braucht Gottes Gnaden und Wort, weil es da ist. Denn das sollt ihr wissen: Gottes Wort und Gnade ist ein fahrender Platzregen, der nicht wiederkommt, wo er einmal gewesen ist.

*

79 Vorn an der Stirn hat die Gelegenheit Haare, hinten ist sie kahl.

*

80 Wenn die Äpfel reif sind, muß man sie pflücken.

Gemeinde

81 Ein Schuster, ein Schmied, ein Bauer – jeder hat seines Handwerks Amt, und doch sind alle gleichgeweihte Priester und Bischöfe, und jeder soll mit seinem Amt oder Werk dem andern nützlich und dienbar sein, so daß mancherlei Werke alle für eine Gemeinde geschehen, Leib und Seel zu fördern.

Gerechtigkeit

82 Allein Christus macht mich gerecht, ohne all meiner Werke Zutun und ohne all meiner Sünden Verhinderung.

83 Wahre Gerechtigkeit empfindet Mitleid, falsche Gerechtigkeit Entrüstung.

Gesang

84 Singen ist eine feine, edle Kunst und Übung. Wer singt, der sorgt nicht viel. Er schlägt alle Sorgen aus und ist guter Dinge.

*

85 Singet dem Herrn ein neues Lied! Singet dem Herrn, alle Welt! Denn Gott hat unser Herz und Mut fröhlich gemacht durch seinen lieben Sohn, welchen er für uns gegeben hat zur Erlösung von Sünden, Tod und Teufel. Wer solches mit Ernst glaubet, der kann nicht lassen, er muß fröhlich und mit Lust davon singen und sagen, daß es andere auch hören und herzu kommen.

*

86 Unser Singen verdrießt den Teufel und tut ihm weh; aber wenn er sieht, daß wir ungeduldig sind, und hört uns schreien, da lacht er dazu in die Fäuste, denn er hat Lust, uns darin zu bestärken.

*

87 Wenn man mit Fleiß singet, so sitzet das Seelchen im Leibe, spielt und hat ein besonderes Wohlgefallen daran.

Geschwätz

88 Das ist ein närrischer Mensch, der meint, er müsse alles sagen, was ihm einfällt.

*

89 Es ist die größte Torheit, mit vielen Worten nichts sagen.

*

90 Ich hasse die Vielredner. Die Wahrheit macht nicht viele Worte.

Gesinnung

91 Gott richtet nicht allein nach den Werken, wie wir Menschen tun, sondern sieht das Herz an.

*

92 Wie die Bäume müssen eher sein denn die Früchte, und die Früchte machen nicht die Bäume gut noch bös sondern die Bäume machen die Früchte, also muß der Mensch in der Person zuvor fromm oder böse sein, ehe er gute oder böse Werke tut, und seine Werke machen ihn nicht gut oder böse, sondern er macht gute oder böse Werke.

Geständnis

93 Schäme dich nicht, wo du etwas gefehlt hast und verteidige es nicht; denn Fehlen ist menschlich, Verteidigen ist teuflisch.

Gesundheit

94 Eine vernünftige Lebensweise ist viel wert.

Getrostheit

95 Des Christen Herz auf Rosen geht,
wenn's mitten unterm Kreuze steht.

*

96 Es scheine aber und fühle sich, wie es wolle, ich kehre mich nicht dran, lasse mich auch nicht beirren, sondern halte mich an dein Wort, daß du mein Herr von Mutterleibe an bist, das trügt und täuscht nicht. Darauf verlasse ich mich, erwecke und stärke dadurch meinen Glauben, welcher nicht aufs Sichtbare sieht, sondern das, was unsichtbar ist, durch Hoffnung und Geduld erwartet.

Gewalt

97 Gewalt mußt du dulden, vom Recht aber darfst du nicht ablassen. Gewalt ist etwas, aber Recht ist etwas anderes.

*

98 Mit Gewalt soll niemand etwas bei mir erreichen.

*

99 Wer stärker ist als der andere, der steckt ihn in den Sack.

Gewissen

100 Ein böses Gewissen ist die Hölle selbst.

*

101 Ein gutes Gewissen ist das Paradies und Himmelreich.

*

102 Ein verzagt und betrübt Gewissen wieder aufzurichten, ist viel mehr denn ein Königreich erobern.

*

103 Es ist nichts Zärtlicheres im Himmel und auf Erden als das Gewissen.

104 Es ist weder sicher noch geraten, etwas wider das Gewissen zu tun.

*

105 Gott wird mich richten nach meinem Gewissen.

*

106 Hüte dich vor einem schlechten Gewissen! Du weißt noch nicht, was das für ein böser Wurm ist; er wird dich nagen und beißen dein Leben lang.

Gewißheit

107 Es ist viel besser, mit eigenen als mit fremden Augen zu sehen.

*

108 Ich bin getauft und durch das Sakrament meinem Herrn Christus einverleibt und habe sein Wort, das kann mich nicht betrügen, denn Gott ist wahrhaftig und hält, was er zusagt.

Gewohnheit

109 Das Alltägliche erscheint uns als wertlos.

*

110 Was einer gewohnt und wozu er erzogen ist, das kann er nicht verleugnen.

Glaube

111 Das ist der Glaube, der Christus in sich begreift und Christus ergreift.

*

112 Den Glauben müssen wir üben in allerlei Fällen.

*

113 Der Glaube empfängt Vergebung der Sünden.

*

114 Der Glaube hängt am Worte.

*

115 Der Glaube ist der Heiligen Schrift Schlüssel.

*

116 Der Glaube ist ein groß herrlich Werk. Wer glaubt, der ist ein Herr; und ob er gleich stirbt, so muß er doch wieder leben. Ist einer arm, so muß er doch reich sein; ist einer krank, so muß er doch wieder gesund werden.

*

117 Der Glaube ist so edel, daß er alles gut macht, was am Menschen ist.

*

118 Der Glaube ist und soll auch sein ein Stehfest des Herzens, der nicht wankt, wackelt, bebt, zappelt noch zweifelt, sondern fest steht und seiner Sache gewiß ist.

*

119 Der Glaube lehrt Gott erkennen und lehrt, was wir für einen Gott haben.

*

120 Der Glaube macht uns zum Erbgut Christi.

*

121 Der Glaube ruhet und feiert nicht, er fährt heraus, redet und prediget, ja, vor großer Freude fährt er an, dichtet schöne, süße Psalmen, singet liebliche, lustige Lieder, damit zugleich Gott fröhlich zu loben und zu danken und auch die Menschen nützlich zu reizen und zu lehren.

*

122 Der Glaube soll nicht an dem hangen, was man empfindet oder fühlt, sondern an dem, das unempfindlich und, wie es Paulus nennt, unsichtbar ist.

*

123 Glaube heißt auf die Barmherzigkeit gewiß trauen und bauen.

*

124 Glaube ist der Christen Reichtum.

*

125 Glaube ist die Erneuerung des Geistes.

126 Glaube macht die Person würdig.

*

127 Himmel und Erde, Tod und Leben sind große Sachen, aber der Glaube in Christus ist viel größer.

*

128 Der Glaube will willig und ungenötigt sein und ohne Zwang angenommen werden.

*

129 Glaube ist, daß ich richtig und gern tue, was Gott gebietet.

*

130 Glaube ist eine lebendige, verwegene Zuversicht auf Gottes Gnade.

*

131 Glaube ist ein Gottesdienst, der Gott am besten gefällt.

*

132 Wenn du einen rechten Glauben hast, daß Christus dein Heiland sei, so siehest du flugs, daß du einen gnädigen Gott habest. Denn der Glaube leitet dich hinauf und tut Gottes Herz und Willen auf, da du eitel überschwengliche Gnade und Liebe siehest.

*

133 Wie der Glaube ist, so ist auch Gott.

134 Wo der Glaube anfängt, da läßt die Versuchung nicht lange auf sich warten.

*

135 Wo der Glaube ist, da ist auch Lachen.

Glauben

136 An Christus glauben ist nichts anderes als gewiß dafür halten, daß, wer ihn habe, der habe den Vater und alle Gnade, göttliche Güter und ewiges Leben.

*

137 Glaube an Christus, in dem ich dir zusage alle Gnade, Gerechtigkeit, Friede und Freiheit. Glaubst du, so hast du; glaubst du nicht, so hast du nicht.

*

138 Glauben heißt auf Gottes Barmherzigkeit gewiß bauen.

*

139 Glaubst du, dann wirst du Gott gefallen.

*

140 Wenn wir recht glaubten, so wären wir schon selig und wären im Himmel.

*

141 Wieviel einer glaubt, so viel hat er.

Glaubensbekenntnis

142 All Ehr und Lob soll Gottes sein.
Er ist und heißt der Höchst allein.
Sein Zorn auf Erden hab ein End.
Sein Fried und Gnad sich zu uns wend.
Den Menschen das gefalle wohl.
Dafür man herzlich danken soll.
Ach, lieber Gott, dich loben wir
und preisen dich mit ganzer Gier;
auch kniend wir anbeten dich,
dein Ehr wir rühmen stetiglich.
Wir danken dir zu aller Zeit
für deine große Herrlichkeit.
Herr Gott, im Himmel König bist,
ein Vater, der allmächtig ist.
Du, Gottes Sohn, vom Vater bist,
einig geborn Herr Jesu Christ.
Herr Gott, du zartes Gottes-Lamm,
ein Sohn aus Gott, des Vaters Stamm,
der du der Welt Sünd trägst allein,
wollst uns gnädig barmherzig sein;
der du der Welt Sünd trägst allein,
laß dir unsre Bitt gefällig sein;
der du gleich sitzest dem Vater dein,
wollst uns gnädig barmherzig sein.
Du bist und bleibst heilig allein
über alles der Herr allein.
Der Allerhöchst allein du bist,
du lieber Heiland Jesu Christ,
samt dem Vater und dem Heilgen Geist
in göttlicher Majestät gleich.

Amen: das ist gewißlich wahr,
das bekennt aller Engel Schar
und alle Welt so weit und breit
von Anfang bis in Ewigkeit.
Amen.

*

143 Der Heilige Geist hat das Glaubensbekenntnis aufs genaueste zusammengestellt.

*

144 Herr Christus, ich bleibe bei dir und hange an dir und glaube an dich, denn du bist es allein, auf den es ankommt.

*

145 Wir glauben all an einen Gott,
Schöpfer Himmels und der Erden,
der sich zum Vater geben hat,
daß wir seine Kinder werden.
Er will uns allzeit ernähren,
Leib und Seel auch wohl bewahren;
allem Unfall will er wehren,
kein Leid soll uns widerfahren.
Er sorget für uns, hüt' und wacht.
Es steht alles in seiner Macht.

Wir glauben auch an Jesum Christ,
seinen Sohn und unsern Herren,
der ewig bei dem Vater ist,
gleicher Gott von Macht und Ehren.
Von Maria, der Jungfrauen

ist ein wahrer Mensch geboren
durch den Heiligen Geist im Glauben
für uns, die wir warn verloren,
am Kreuz gestorben und vom Tod
wieder auferstanden durch Gott.

Wir glauben an den Heilgen Geist,
Gott mit Vater und dem Sohne,
der aller Ängste Tröster heißt
und mit Gaben zieret schöne.
Die ganz Christenheit auf Erden
hält in einem Sinn gar eben,
hier all Sünd vergeben werden,
das Fleisch soll auch wieder leben.
Nach diesem Elend ist bereit
uns ein Leben in Ewigkeit.

Glaubensgrundlage

146 Des Glaubens Grund ist Gottes recht verstandenes Wort.

*

147 Die Zehn Gebote hat Gott selbst gegeben, Christus selbst hat die Gestalt des Vaterunsers vorgeschrieben, der Heilige Geist hat das Glaubensbekenntnis aufs genaueste zusammengestellt. Diese drei Dinge sind so gestellt, daß sie nicht feiner, tröstlicher und kürzer gefaßt werden konnten.

148 Drei sind, die da zeugen: der Geist, das Wasser, das Blut, das heißt: das Predigtamt, die Taufe, das Abendmahl.

*

149 Drei Wörtlein laßt uns wohl merken
Und allzeit als Christen drauf schaun.
Das ist: Gott fürchten und lieben
und ihm alleine vertraun.

Glaube und gute Werke

150 Auf den Glauben folgen die Werke, gleich wie der Schatten dem Leibe folgt.

*

151 Der Glaube ist das gute Werk, und aus diesem Werk müssen alle Werke kommen und ihren guten Einfluß gleich einer Leihgabe von ihm empfangen.

*

152 Der wahre Glaube, welcher unmittelbar Gottes Werk ist, kann nicht ohne gute Werke sein.

*

153 Ein Christ wird ohne Zwang willig und lustig, jedermann Gutes zu tun, jedermann zu dienen, allerlei zu leiden, Gott zu Lieb und zu Lob, der ihm solche Gnade erzeiget hat, also,

daß unmöglich ist, Werke vom Glauben zu scheiden, also unmöglich, als Brennen und Leuchten vom Feuer mag geschieden werden.

*

154 Glaube fraget nicht, ob gute Werke zu tun sind, sondern ehe man fragt, hat er sie getan und ist immer im Tun. Wer aber nicht solche Werke tut, der ist ein glaubloser Mensch, tappet und siehet um sich nach Glauben und guten Werken und weiß weder, was Glaube und gute Werke sind.

*

155 Gute, fromme Werke machen nimmermehr einen guten, frommen Mann, sondern ein guter, frommer Mann macht gute, fromme Werke; böse Werke machen nimmermehr einen bösen Mann, sondern ein böser Mann macht böse Werke, also daß allerwegen die Person zuvor muß gut und fromm sein vor allen guten Werken, und gute Werke folgen und ausgehen von der frommen, guten Person.

*

156 Gute Werke sind des Glaubens Siegel und Prob; denn gleich wie die Briefe müssen ein Siegel haben, damit sie bekräftigt werden, also muß der Glaube auch gute Werke haben.

*

157 Mit den Werken geben wir Gott Zinsen, aber durch den Glauben empfangen wir das Erbe.

158 O, es ist ein lebendig, geschäftig, tätig, mächtig Ding um den Glauben, daß unmöglich ist, daß er nicht ohne Unterlaß sollte Gutes wirken.

*

159 Werke gehören dem Nächsten, der Glaube Gott.

Glaube und Leid

160 Der Glaube, das Kreuz; das tut's. Denn der Glaube kann ohne Kreuz nicht bestehen. Wenn einem die Not aber übergroß wird, so siehet er, was der Glaube vermag und was er ist: nicht eine Spekulation, sondern eine Wirklichkeit.

*

161 Der Glaube ist nimmermehr stärker und herrlicher, denn wenn die Trübsal und Anfechtung am größten sind.

Glaube und Liebe

162 Der Glaube empfängt Gut; die Liebe gibt Gut. Der Glaube opfert uns Gott zu eigen; die Liebe gibt uns den Nächsten zu eigen.

163 Glaube und Liebe ist das ganze Wesen eines Christenmenschen. Der Glaube empfängt, die Liebe gibt; der Glaube bringt den Menschen zu Gott, die Liebe bringt ihn zu den Menschen.

Gleichwertigkeit

164 Frage nicht darnach, ob er ein Schneider oder Schuster, Bauer oder Bürger, edel oder unedel sei. Glaubt er an Christum und ist gottesfürchtig und dient seinem Nächsten, so ist er ein lebendiger Heiliger, hält sich nach dem großen Gebot und tut das höchste und beste Werk.

Glück und Unglück

165 Glück betört mehr Leute als Unglück.

*

166 Wen das Glück verwöhnt, den betört es.

*

167 Wenn es einem allzu glücklich geht, wird man zum Narren.

Gnade Gottes

168 Darum, ob wir wohl täglich sündigen, unfleißig und undankbar sind, so bleibe du doch unser Gott, sei freundlich und holdselig, damit wir erhalten werden in Friede und Freude des Heiligen Geistes.

*

169 Der gnädige Gott ist mir armen Sünder gnädig und gebe mir ein gnädiges Ende! Denn die Welt kann mich nicht ertragen und ich umgekehrt nicht die Welt.

*

170 Es ist eine große Wohltat Gottes, daß er nicht alles gibt, was wir begehren.

*

171 Es wolle Gott uns gnädig sein
und seinen Segen geben;
sein Antlitz uns mit hellem Schein
erleucht zum ewgen Leben,
daß wir erkennen seine Werk
und was ihm lieb auf Erden,
und Jesu Christi Heil und Stärk
bekannt den Heiden werden
und sie zu Gott bekehren.
(Psalm 67)

*

172 Gnade verdammt alle eigene Gerechtigkeit.

173 So wenig ihr der Sonne ihren Schein wehren könnt, soviel weniger könnt ihr die Gnade Gottes binden, die keinen Grund, Höhe, Ziel noch Maß, Anfang noch Ende hat.

Gold

174 Gold bleibt Gold – auch am Hals einer Dirne.

Gott

175 Alle Freude, aller Trost und Friede kommt von Gott, ja ist Gott selbst.

*

176 Aus einem leeren Beutel Geld zählen, aus den Wolken Brot backen, das ist unsers Herrgotts Kunst allein, und er tut es dennoch täglich. Er schafft aus nichts alles.

*

177 Gott ist ein ewiger Quellgrund, der sich mit eitel Güte übergeußt.

*

178 Gott selbst samt allen Engeln müßte schwer den Schnuppen haben, um solchen Braten nicht zu riechen.

179 Ich weiß ein Wort, das hat ein L;
Wer das sieht, der begehrt es schnell.
Wenn aber das L weg und fort ist,
Nichts Beßres im Himmel und auf Erden ist.
Hast du nun einen weisen Geist,
So sage mir, wie das Wörtlein heißt.
(Gold, Gott)

*

180 Und zwar wäre er wahrlich ein gar armer Gott, wenn er einem jeglichen Narren Ursache anzeigen und Rechnung geben müßte, warum er dieses oder jenes Werk tue.

Gottesdienst

181 Im Gottesdienst soll es geschehen, daß unser lieber Herr selbst mit uns rede durch sein heiliges Wort und wir wiederum mit ihm reden durch Gebet und Lobgesang.

*

182 Lieber Gott, gib uns den Heiligen Geist, der das gehörte Wort in unsere Herzen schreibe, so daß wir's annehmen und glauben und uns seiner in Ewigkeit freuen und trösten.

Gottesfurcht

183 Es ist weit besser, daß man sich alle Zeit in Gottes Furcht halte und bete, als daß man sich abquält in Furcht der zukünftigen Dinge.

184 Sieh, so reich Segen hängt dem an,
wo in Gottes Furcht lebt ein Mann;
von ihm läßt der alt Fluch und Zorn,
den Menschenkindern angeborn.

Gottes- und Menschengeist

185 Hoffen ist aus dem Geist Gottes, aber Verzweifeln ist aus unserem eigenen Geist.

Gottes- und Nächstenliebe

186 Als Frucht für sein großes Lieben
sollst du deinen Nächsten lieben,
daß er an dir spüren kann,
was dein Gott hat an dir getan.

*

187 Aus der Liebe zu Gott fließt ein rein, willig, fröhlich Leben, dem Nächsten zu dienen umsonst.

*

188 Man sehe, wie wir uns gegen die armen Leute halten, so wird's sich fein finden, ob wir Gott lieb haben.

*

189 So will ich solchem Vater, der mich mit seinen überschwenglichen Gütern überschüttet hat,

wiederum frei, fröhlich und umsonst tun, was ihm wohlgefällt, und gegen meinen Nächsten auch werden ein Christ, wie Christus mir geworden ist, und nichts mehr tun, denn was ich nur sehe, daß ihm not, nützlich und selig sei, weil ich doch durch meinen Glauben aller Dinge in Christo genug habe.

Gottvertrauen

190 Ich kann die Kunst nicht erreichen, solch herrliche Bilder wie «Gott hat die Welt geliebt» zu verstehen. Es wäre genug gewesen, wenn er der Welt einen guten Morgen geboten hätte. Überdies liebt er sie. Und die Welt ist doch ein widerwärtiges, unliebenswertes Objekt. Das ist sie wahrlich. Sie mißbraucht so undankbar alles Geschaffene, lästert Gott und legt ihm alle Plage auf. Es ist eine unbegreifliche Liebe, größer als das Feuer, welches Mose sah, ja als das höllische. Wer will nun verzweifeln, wenn Gott also gesinnet ist?

*

191 Laßt uns in uns schwach sein, auf daß wir in Gott stark werden.

*

192 Schweig, leid, meid und vertrag,
Deine Not niemand klag,
An Gott nicht verzag,
Deine Hilfe kommt alle Tag.

193 Was kann euch schaden Sünd und Tod?
Ihr habt mit euch den wahren Gott.
Laßt zürnen nur den alten Feind,
ist Gottes Sohn doch euer Freund.

Er will und kann euch lassen nicht,
setzt ihr auf ihn die Zuversicht.
Es mögen viel' euch fechten an;
dem sei Trotz, der's nicht lassen kann.

Zuletzt müßt ihr doch haben recht;
ihr seid nun worden sein Geschlecht.
Des danket Gott in Ewigkeit,
geduldig, fröhlich allezeit.

Gott dienen

194 Das Gott-Danken ist der Christen höchster Gottesdienst.

*

195 Es gibt keinen größeren Gottesdienst als die christliche Liebe, die den Bedürftigen hilft und ihnen dient.

*

196 Gott dienen heißt, wenn man tut, was Gott in seinem Wort befohlen hat, ein jeglicher in seinem Stande.

197 Gott loben und dankbar sein ist der höchste Gottesdienst.

*

198 Heißt das Gott dienen: in einen Winkel kriechen, niemand raten noch helfen? Wer Gott dienen will, der soll unter den Leuten bleiben und ihnen dienen, womit er kann.

*

199 Man kann Gott nicht allein mit Arbeit dienen, sondern auch mit Feiern und Ruhen.

*

200 Wisse, daß Gott dienen nichts anderes ist denn deinen Nächsten dienen und mit Liebe wohltun.

Gott finden

201 Bei Christus kann man Gott nicht verfehlen. Da trifft und findet man ihn gewißlich.

*

202 Willst du Gott treffen, so schreibe diese Worte in dein Herz, schlafe nicht, wache auf, lerne und betrachte sie wohl, daß Christus spricht: Also hat Gott die Welt geliebet, daß er seinen eingeborenen Sohn gab, auf daß alle, die an ihn glauben, nicht verloren werden, sondern das ewige Leben haben. Allhier schreibe, wer schreiben kann; item lese und handle, dichte und trachte des Morgens und Abends davon, er schlafe oder wache.

Gott schauen

203 Das heißt recht Gott schauen mit dem Glauben, der sein väterlich freundlich Herz siehet.

Gott und Mensch

204 An mir selbst habe ich wahrlich genug und übergenug, was mich demütigt und lehrt, daß ich nichts bin. Aber in Gott soll man wahrlich stolz sein, im Genuß seiner Gaben sich freuen, mit ihnen triumphieren und sich ihrer rühmen.

*

205 Gott allein ist die Weisheit. Wir sind Narren und elende Pfuscher mit unserem Tun und unserer Kunst.

*

206 Gottes Güter, die wir haben, sollen wir groß achten, uns selber aber gering.

*

207 Nicht suchst du ihn, er sucht dich; nicht findest du ihn, er findet dich; denn die Prediger kommen von ihm, nicht von dir; ihre Predigt kommt von ihm, nicht von dir; dein Glaube kommt von ihm, nicht von dir; und alles, was Glaube in dir wirkt, kommt von ihm, nicht von dir; und wo er nicht kommt, da bleibst du wohl fern.

*

208 Tue so viel, als du durch deinen Verstand und Kraft tun kannst. Darnach, wenn du das Deine getan hast, so befiehl alsdann Gott dem Herrn alles miteinander, bitte ihn, daß er nun auch das Seine dazutue, daß er nun regieren und das Gedeihen dazu geben wolle, und setze dein Vertrauen nicht auf deine Arbeit und Weisheit.

*

209 Unser Fehler ist, daß wir Gottes Werk nach unserem Fühlen richten und nicht auf seinen Willen sehen, sondern auf das, was wir suchen.

*

210 Wie die Not unser enger Raum ist, der uns betrübt und klemmt, also ist die Hilfe Gottes unser weiter Raum, der uns frei und fröhlich macht.

Großzügigkeit

211 Laß einen jeden sein, was er ist,
So bleibst du auch wohl, wer du bist.

212 Man soll alles zum Besten auslegen.

Großzügigkeit Gottes

213 Wenn Gott sparsamer mit seinen Gaben umginge, wären wir dankbarer.

*

214 Wir müssen uns halten wie Gott, der alles verliert und weggibt. Er gibt den Himmel, die Erde, Gold, Silber, Getreide weg und läßt seine Sonne aufgehen über Gute und Böse, deren Zahl immer größer gewesen ist als die der Guten.

Zum Guten

215 Unglück und Sünden sollen wir zum Guten gebrauchen.

Handeln

1 Alle lieben und loben Mose, das Gesetz und den Jesus Sirach, aber nur so lange, wie sie lesen. Wenn's aber ans Tun kommt, so werden sie ihnen feind.

*

2 Die Tat legt das Wort recht aus.

3 Wir können nicht hindern, daß die Vögel um unser Haupt fliegen; aber wir können verhindern, daß sie auf unserm Kopf ein Nest bauen.

Haushalten

4 Der Herr muß selber sein der Knecht,
Will er's im Hause finden recht.
Die Frau muß selber sein die Magd,
Will sie schaffen im Hause recht.
Das Gesinde nimmer daran sinnt,
Was Nutzen und Schaden im Hause bringt;
Es ist ihnen nichts gelegen dran,
Weil sie es nicht für eigen han.
Sie seien die Gäste und Fremden im Haus.
Wem's eigen ist, der gehe nicht heraus!

*

5 Das ist ein gemarterter Mann, des Weib und Magd nichts weiß in der Küchen. Es ist das erste Unglück, aus dem viel Übel folgt.

*

6 Es muß einer im Haushalt nicht all und jedes haben, hören und sehen.

*

7 Haushalten soll und muß im Glauben geschehen, so ist genug da, daß man erkenne: es liegt nicht an unserm Tun, sondern an Gottes Segen und Beistand.

Heiland

8 Jesus Christ unser Heiland,
der den Tod überwand,
ist auferstanden.
Die Sünd hat er gefangen. Kyrieleison.

Der ohn Sünden war geborn
trug für uns Gottes Zorn,
hat uns versöhnet,
daß Gott uns sein Huld gönnet. Kyrieleison.

Tod, Sünd, Leben und auch Gnad,
alls in Händen er hat.
Er kann erretten
alle, die zu ihm treten. Kyrieleison.

9 Mit unsrer Macht ist nichts getan,
wir sind gar bald verloren.
Es streit't für uns der rechte Mann,
den Gott hat selbst erkoren.
Fragst du, wer der ist?
Er heißt Jesus Christ,
der Herr Zebaoth,
und ist kein andrer Gott;
das Feld muß er behalten.

Herr und Knecht

10 Du bist aller Dinge frei bei Gott durch den Glauben; aber bei den Menschen bist du jedermanns Diener durch die Liebe.

*

11 Ein Christenmensch ist ein freier Herr über alle Ding und niemand untertan; ein Christenmensch ist ein dienstbarer Knecht aller Ding und jedermann untertan.

Herz

12 Das beste Geschenk und Wesen ist ein heiteres und fröhliches Herz.
Des Menschen Herz ist gleich wie Quecksilber, das jetzt da, bald anderswo ist, heut also, morgen anders gesinnt.

*

13 Gott will das Herz allein haben.

*

14 In meinem Herzen herrscht allein und soll auch herrschen dieser eine Artikel, nämlich der Glaube an meinen lieben Herrn Christum, welcher aller meiner geistlichen und göttlichen Gedanken, so ich immerdar Tag und Nacht haben mag, der alleine Anfang, Mitte und Ende ist.

Heuchelei

15 Es gibt keine schlimmere Mißgunst in der Welt als die der Heuchler. In einem Wegelagerer und in einer Hure ist mehr Barmherzigkeit als in einem Heuchler.

*

16 Es ist sicherer, eine Sau zu sein, denn ein falscher Christ.

*

17 Falsche Christen sind wie Wolken ohne Regen. Sie geben große Heiligkeit vor, aber da ist kein Glaube gegen Gott noch Liebe gegen den Nächsten.

*

18 Heuchelei gibt Geld's genug.

*

19 Man könnte einen nicht höher schelten als einen Heuchler; dieser ist die schlimmste Pest.

*

20 Wer ein Christ will sein, darf sich nicht verstellen.

Heute

21 Sorge nicht für morgen,
Denn du weißt nicht, was werden will,

Laß dir begnügen heute.
Morgen kommt auch Tag und Rat.

Hiob

22 Das Buch Hiob ist ein sehr gutes Buch, allen betrübten, angefochtenen, leidenden und bekümmerten Herzen zum Trost geschrieben.

Hochmut

23 Falsche Demut weiß nimmer, daß sie Hochmut ist; denn wo sie das wüßte, würde sie bald demütig von dem Ansehen der häßlichen Untugend.

*

24 O lieber Gott, bewahre uns, daß wir nicht in Hochmut fallen; laß Juristen, Ärzte und andere hochmütig sein. In der Theologie hat der Hochmut keinen Platz, weil sie Leute fordert, die geistlich arm sind.

Hölle

25 Der Mensch hat die Hölle in sich selbst.

Hoffnung

26 Alles, was in der ganzen Welt geschieht, das geschieht in Hoffnung.

*

27 Hoffen ist aus dem Geist Gottes.

*

28 Wir haben mehr Ursache, uns zu freuen, als traurig zu sein, denn wir hoffen auf Gott.

Hoffnungslos

29 Wer im zwanzigsten Jahr nicht schön, im dreißigsten Jahr nicht stark, im vierzigsten Jahr nicht klug, im fünfzigsten Jahr nicht reich ist, der darf danach nicht hoffen.

Hochzeit von Kana

30 Ein Wunderwerk da neu geschah:
sechs steinern Krüge man da sah
voll Wasser, das verlor sein Art:
roter Wein durch sein Wort draus ward.

Irrweg

1 Holzweg ist gefährlich.

Jesaja

1 Jesaja dem Propheten das geschah,
daß er im Geist den Herren sitzen sah
auf einem hohen Thron in hellem Glanz,
seines Kleides Saum den Chor füllet ganz.
Es standen zwei Seraph bei ihm daran,
sechs Flügel sah er einen jeden han,
mit zwein verbargen sie ihr Antlitz klar,
mit zwein bedeckten sie die Füße gar,
und mit den andern zwei sie flogen frei;
einander rufen sie mit großem Schrei:
Heilig ist Gott, der Herre Zebaoth,
heilig ist Gott, der Herre Zebaoth,
sein Ehr die ganze Welt erfüllet hat.
Von dem Schrei zittert Schwell und Balken gar,
das Haus auch ganz voll Rauch und Nebel war.

Jerusalem

2 Aus Zion wird Gott segnen dich,
daß du wirst schauen stetiglich
das Glück der Stadt Jerusalem
vor Gott in Gnaden angenehm.

Jesus

3 Der Name Jesus hat mir oft geholfen, wenn
mir sonst niemand hat helfen können.

Jugend

4 Jugend ist wie ein Most. Der läßt sich nicht halten. Er muß vergären und überlaufen.

Jurist

5 Es ist ein alt Sprüchwort: Ein Jurist, ein böser Christ. Und es ist wahr.

Kinder

1 Bei den Kindern muß angefangen werden, wenn es im Staate besser werden soll.

*

2 Daß Kinder wohl geraten, ist nicht in unserer, sondern Gottes Gewalt und Macht; wo er nicht mit im Schiff ist, da fährt man nimmer wohl.

*

3 Kinder sind das lieblichste Pfand in der Ehe, die binden und erhalten das Band der Liebe.

Kirche

4 Amaranthus wächst im Augustmonde und ist mehr ein Stengel denn ein Blümlein, läßt sich gerne abbrechen und wächst fein fröhlich und lustig daher. Und wenn nun alle Blumen vergangen sind und dies mit Wasser besprengt und feucht gemacht wird, so wird's wieder hübsch und gleich grüne, daß man im Winter Kränze daraus machen kann. Ich weiß nicht, ob der Kirche etwas möge gleicher sein denn Amaranthus, diese Blume, die wir heißen Tausendschön.

*

5 Die christliche Kirche ist auch ein Heer, eine Versammlung oder ein Feldlager; wir stehen alle im Kampf und Kriege, das Evangelium ist unser Fähnlein, Christus ist unser Feldherr, unter ihm haben wir gut kriegen und erobern auch den Sieg durch das göttliche Wort.

*

6 Die Kirche erbauen heißt nicht neue Zeremonien einführen wie meine Klüglinge glauben, sondern die Gewißheit frei und gewiß machen durch den Glauben, damit sie ohne Furcht und Zweifel seien.

*

7 Die Kirche hört niemand als Christus allein.

*

8 Drei Dinge erhalten die Kirche Gottes und gehören eigens zu ihr: erstens in Treue lehren, zweitens mit Fleiß beten und drittens mit Ernst dulden.

9 Lieber Herrgott, wie muß deine Kirche allenthalben geplagt werden, drinnen und draußen!

*

10 Wir beten in der Kirche mit der Kirche für die Kirche.

*

11 Wo das Wort Gottes bleibt, da bleibt gewißlich auch die Kirche.

*

12 Wo der Heilige Geist nicht predigt, da ist keine Kirche.

Kirchenschatz

13 Der wahre Schatz der Kirche ist das Evangelium von der Herrlichkeit und Gnade Christi.

Klugheit

14 Ach unserer armen Klugheit! Ehe wir echt klug werden, legen wir uns nieder und sterben.

Kompromiß

15 Die Vögel fliegen gerade darauf los, wo immer sie fliegen, wir aber müssen oft um einen Berg herumgehen. So ist es im häuslichen, so im öffentlichen Leben.

*

16 Es muß oft einer seinen Kopf nach einem andern richten, wenn man eins bleiben will.

*

17 Um größere Übel zu vermeiden, muß man kleinere auf sich nehmen.

*

18 Wenn sich's begibt, daß zwei Ziegen einander auf einem schmalen Stege begegnen, der über ein Wasser geht, wie verhalten sie sich? Sie können nicht wieder zurückgehen, ebenso können sie auch nicht aneinander vorbeigehen, der Steg ist zu schmal. Sollten sie denn einander stoßen, so möchten sie beide ins Wasser fallen und ertrinken. Wie tun sie denn? Die Natur hat ihnen gegeben, daß sich eine niederlegt und die andere über sich hinweggehen läßt. So bleiben sie beide unbeschädigt. So sollte ein Mensch gegen den andern auch tun.

Krankheit

19 Wenn ich in meiner Krankheit hätte predigen können, wollte ich manche schöne Predigt und Lektion gehalten haben.

Kreuz

20 Ohne Kreuz kommen wir nicht zur Herrlichkeit.

Krieg

21 Der Krieg nimmt einfach alles hinweg, was Gott geben kann: Religion, Staatswesen, Ehe, Besitz, Ansehen, Wissenschaft usw.

*

22 Krieg ist die größte aller Strafen.

Kummer

23 Wenn das Herz bekümmert und traurig ist, folgt daraus auch des Leibes Schwachheit.

Kunst

24 Ich bin nicht der Meinung, daß durchs Evangelium sollten alle Künste zu Boden geschlagen werden und vergehen, wie etliche Abergeistliche vorgeben, sondern ich wollte alle Künste, sonderlich die Musika, gern sehen im Dienste dessen, der sie gegeben und geschaffen hat.

*

25 Kunst ist eine edle Ware.

Lachen

1 Wo der Glaube ist, da ist auch Lachen.

Laien

2 Vielleicht will Gott durch den Laienstand seiner Kirche helfen.

Laster

3 Der Aufschub ist das der Eile entgegengesetzte Laster.

4 Der Neid und die Hoffart sind zwei Laster, die schmücken sich, wie sich der Teufel in die Gottheit kleidet. Der Neid will Gerechtigkeit sein, die Hoffart Wahrheit.

*

5 Ich habe drei böse Hunde: Undankbarkeit, Hochmut und Neid. Wen die drei Hunde beißen, der ist sehr übel gebissen.

*

6 Undankbarkeit ist das allerschändlichste Laster.

Lästerung

7 Das ist das größte Stück des Herzeleids und der Betrübnis, so die Christen haben, daß sie müssen sehen, wie Gottes Namen allenthalben so schändlich entheiligt und verlästert wird. Das ist ihnen rechte Höllenmarter und betrübtes Leid.

Lauterkeit

8 Nie handeln wir heiliger und besser, als wenn wir nicht wissen, was und wieviel wir tun.

Läuterung

9 Kreuz und Verfolgung lehrt einen die goldene Kunst.

Leben

10 Dieses ganze Leben, darin wir leben, ist nur ein eitel Traum.

*

11 Unser Leben auf Erden ist wie ein Schatten und kein Aufhalten.

*

12 Unser Leben ist gleich wie eine Schiffahrt. Denn wie die Schiffleute den Hafen vor sich haben, auf den sie ihre Fahrt richten, so ist uns die Verheißung des ewigen Lebens geschehen, daß wir in derselben gleich wie in einem Hafen sanft und sicher ruhen sollen.

Leben und Sterben

13 Der irdische Mensch ist Stoff, aus dem Gott die künftige Gestalt formt.

Lebensfreude

14 Ich bin reich, wenn ich auch nicht viel habe, weil ich das Meine genieße.

*

15 Lieber Herr, gib mir einen fröhlichen Mut, Lust und Freude. Denn dieses Gut zu haben ist deine Gabe, die ich von mir selbst nicht haben kann, wenn du sie mir nicht gibst. Darum bitte ich dich um Christi willen, gib mir einen fröhlichen Mut, eine reine Freude und Lust, daß ich heute mit meinen Freunden guter Dinge sei, doch ohne Sünde.

*

16 Was sagt unser Herrgott im Himmel dazu, daß wir hier zusammensitzen und seine Güter verzehren? Nun, er hat sie darum geschaffen, daß wir sie brauchen sollen, fordert anders nichts von uns, denn daß wir erkennen, daß es seine Güter sind und sie mit Danksagung genießen.

Lebensgrundlage

17 An dem Glauben ist alles gelegen; darauf stehet das ganze christliche Leben.

18 Der Glaube ist und soll auch sein ein Stehfest des Herzens, der nicht wankt, wackelt, bebt, zappelt und zweifelt, sondern fest steht und seiner Sache gewiß ist.

Lebenskraft

19 Höre nur Gottes Wort, bete fleißig, glaube, arbeite treulich und sei nicht viel alleine, so wird dich Gott vom Teufel wohl erlösen und erhalten.

*

20 Liebe und Not meistern alle Gebot.

Lebensregeln

21 Es ist auf Erden kein besser List,
Denn wer seiner Zungen ein Meister ist.

*

22 Glaube, liebe, sage, tue nicht alles, was du hörst, siehst, weißt, willst.

*

23 Laß einen jeden sein, was er ist,
So bleibst du auch wohl, wer du bist.

*

24 Rede wenig und mach's wahr,
Was du borgst, bezahle bar.

25 Trunken Freud,
Nüchtern Leid.

*

26 Viel wissen und wenig sagen,
Nicht antworten auf alle Fragen.

*

27 Wer was weiß, der schweig,
Wem wohl ist, der bleib,
Der was hat, der behalte,
Unglück, das kommt balde.

Ewiges Leben

28 So wenig wie die Kinder im Mutterleibe von ihrer Ankunft wissen, so wenig wissen wir vom ewigen Leben.

Lehrer

29 Ein Teil der Lehrer ist so grausam wie die Henker.

*

30 Einen fleißigen, frommen Schulmeister, der treulich zieht und lehrt, dem kann man nimmermehr genug lohnen und mit keinem Gelde bezahlen.

31 Es ist in einer Stadt ebensoviel an einem Schulmeister gelegen wie an einem Pfarrer.

Leichtfertigkeit

32 Man soll den Teufel nicht zu Gast laden.

Leiden

33 Alles Leiden der Frommen ist gering und währet nur einen kleinen Augenblick, weil es vor Gott bestimmt ist, daß es nicht immer währen soll.

*

34 Gott kocht die Seinen, und wenn er es gut mit ihnen meint, so legt er noch den Deckel darauf, daß sie so recht im Gebrodel drinstehen.

*

35 Meine Leiden waren für mich eine gute Lehre. Sie haben mich demütig gemacht.

*

36 Unser Leben muß gerade so mit einem Stückchen Kreuz angerichtet und geheiligt werden, wie das Fleisch mit Salz gewürzt werden muß, damit nicht Würmer hineinkommen.

37 Weil wir getauft sind und Christus bekennen, darum müssen wir dem Teufel und der Welt herhalten.

*

38 Wenn du eine Rose Christi bist, so wisse, daß dein Wandel unter Dornen sein muß.

Lernen

39 Wir alle müssen Lehrgeld geben und aus Schaden klug werden.

Lesen

40 Nicht viel lesen, sondern gut Ding viel und oft lesen macht fromm und klug dazu.

Liebe

41 Die Liebe ficht nicht Undankbarkeit an.

*

42 Die Liebe ist länger und breiter denn Glaube und Hoffnung; denn der Glaube hat allein mit Gott im Herzen in diesem Leben zu tun, die Liebe aber hat mit Gott und aller Welt ewiglich zu tun.

43 Es gibt keinen größeren Gottesdienst als die christliche Liebe, die den Bedürftigen hilft und ihnen dient.

*

44 Keine Liebe ohne Leid.

*

45 Liebe heißt auf deutsch nichts anders denn von Herzen einem günstig und hold sein, alle Güte und Freundschaft erbieten und erzeigen.

*

46 Liebe ist dann da, wenn wir andern dienen wollen.

Lob Gottes

47 Herr Gott, dich loben wir.
Herr Gott, wir danken dir.
Dich, Vater, in Ewigkeit
ehrt die Welt weit und breit.
All Engel und Himmelsheer,
und was dienet deiner Ehr,
auch Cherubim und Seraphim,
singet immer mit hoher Stimm:
Heilig ist unser Gott,
heilig ist unser Gott,
heilig ist unser Gott,
der Herr Zebaoth.

Dein göttlich Macht und Herrlichkeit
gehet über Himmel und Erden weit.
Der heiligen Zwölfboten Zahl
und die lieben Propheten all,
die teuren Martrer allzumal,
loben dich, Herr, mit großem Schall.
Die ganze werte Christenheit
rühmt dich auf Erden allezeit
dich, Gott Vater im höchsten Thron,
deinen rechten und einigen Sohn,
dein Heiligen Geist und Tröster wert,
mit rechtem Dienst sie lobt und ehrt.
Du König der Ehren, Jesu Christ,
Gott Vaters ewiger Sohn du bist,
der Jungfrau Leib nicht hast verschmäht,
z'erlösen das menschlich Geschlecht.

Du hast dem Tod zerstört sein Macht
und all Christen zum Himmel bracht.
Du sitzt zur Rechten Gottes gleich
mit aller Ehr in Vaters Reich;
ein Richter du zukünftig bist
alles, was tot und lebend ist.
Nun hilf uns, Herr, den Dienern dein,
die mit deim teuren Blut erlöset sein,
laß uns im Himmel haben teil
mit den Heiligen am ewigen Heil.
Hilf deinem Volk, Herr Jesu Christ,
und segne, was dein Erbteil ist,
wart und pfleg es zu aller Zeit
und heb es hoch in Ewigkeit.
Täglich, Herr Gott, wir loben dich
und ehrn dein Namen stetiglich.

Behüt uns heut, o treuer Gott,
vor aller Sünd und Missetat,
sei uns gnädig, o Herre Gott,
sei uns gnädig in aller Not,
zeig uns deine Barmherzigkeit,
wie unser Hoffen zu dir steht.
Auf dich hoffen wir, lieber Herr,
in Schanden laß uns nimmermehr.
Amen.

*

48 Lob, Ehr und Dank sei dir gesagt,
Christ, geborn von der reinen Magd,
mit Vater und dem Heilgen Geist
von nun an bis in Ewigkeit.
Amen.

Lügen

49 Die Schlange ist das Abbild der Lüge. Denn sie windet sich immer, ob sie läuft oder ob sie liegt; nur wenn sie tot ist, ist sie gerade.

*

50 Eine Lüge ist wie ein Schneeball; je länger man ihn wälzt, je größer wird er.

*

51 Hüt dich vor der Tat,
Der Lügen wird wohl Rat.

52 Kein schädlicher Laster ist auf Erden, denn Lügen und Untreu, welches alle Gemeinschaft der Menschen zertrennt. Denn Lüge und Untreue zertrennt erstlich die Herzen; wenn die Herzen zertrennt sind, so gehen die Hände auch voneinander; wenn die Hände voneinander sind, was kann man da tun oder schaffen?

*

53 Leugne dich nicht zutode!

*

54 Wenn Sünde nicht mehr für Sünde gehalten wird, da ist weder Rat noch Hilfe.

Luther

55 Es will ein jeder schreiben; denn der Luther hat geschrieben.

*

56 Ich bitte, man wollte meines Namens schweigen und sich nicht lutherisch, sondern Christen heißen. Was ist Luther? Ist doch die Lehre nicht mein. So bin ich auch für niemand gekreuzigt.

Macht

1 Wie groß auch die Macht ist, so wird sie doch nicht herrschen, sondern die Weisheit.

Menschen

2 Der Mensch bleibt närrisch bis ins vierzigste Jahr; wenn er dann anfängt, seine Narrheit zu erkennen, so ist das Leben schon dahin.

*

3 Es liegt nicht an Büchern noch Vernunft; es liegt daran, daß Gott Leute auf Erden schickt. So sehen wir in allen Historien und der ganzen Schrift: wenn Gott einem Volke hat wollen helfen, hat er es nicht mit Büchern getan, sondern nicht anders, denn daß er einen Mann oder zwei hat berufen, die regierten besser denn alle Schrift und Gesetze.

*

4 Gott hat die Menschen geschaffen, daß man sich freundlich und friedlich in Züchten und Ehren zusammen halten soll.

*

5 Wenn wir täten, was wir sollten, und nicht machten, was wir wollten, so hätten wir auch, was wir haben sollten. Nun tun wir, was wir wollen, und nicht, was wir sollen, darum müssen wir auch halten, was wir nicht wollen.

Menschwerdung Gottes

6 Gelobet seist du, Jesu Christ,
daß du Mensch geboren bist
von einer Jungfrau, das ist wahr;
des freuet sich der Engel Schar.
Halleluja.

Des ewgen Vaters einig Kind
jetzt man in der Krippe findt;
in unser armes Fleisch und Blut
verkleidet sich das ewig Gut.
Halleluja.

Den aller Welt Kreis nie beschloß,
der liegt in Mariens Schoß.
Er ist ein Kindlein worden klein,
der alle Ding erhält allein.
Halleluja.

Das ewig Licht geht da herein,
gibt der Welt ein neuen Schein;
es leucht wohl mitten in der Nacht
und uns des Lichtes Kinder macht.
Halleluja.

Der Sohn des Vaters, Gott von Art,
ein Gast in der Welt hie ward
und führt uns aus dem Jammertal,
er macht uns Erben in seim Saal.
Halleluja.

Er ist auf Erden kommen arm,
daß er unser sich erbarm
und in dem Himmel mache reich
und seinen lieben Engeln gleich.
Halleluja.

Das hat er alles uns getan,
sein groß Lieb zu zeigen an.
Des freu sich alle Christenheit
und dank ihm des in Ewigkeit.
Halleluja.

Mensch und Tier

7 Das ist der Unterschied zwischen Tier und Mensch, daß dieser auch ein Sonntagskleid hat.

*

8 Der Wolf frißt Schafe, wir auch; der Fuchs Hühner und Gänse, wir auch; Habichte und Geier essen Vögel, wir auch; Hechte fressen Fische, wir auch. Mit den Ochsen, Pferden und Kühen essen wir auch Gras; mit den Schweinen essen wir Mist und Dreck. Aber inwendig wird alles zu Dreck.

Mission

9 Das ist das erste und höchste Werk der Liebe, das ein Christ tun soll, wenn er gläubig ist worden, daß er andere Leute auch herzu zum Glauben bringe, wie er dazu gekommen ist.

Morgengebet

10 Ich danke dir, mein himmlischer Vater, durch Jesus Christus, deinen lieben Sohn, daß du mich diese Nacht vor allem Schaden und Gefahr behütet hast, und bitte dich, du wollest mich diesen Tag auch behüten vor Sünden und allem Übel, daß dir all mein Tun und Leben gefalle; denn ich befehle mich, meinen Leib und meine Seele und alles in deine Hände. Dein heiliger Engel sei mit mir, daß der böse Feind keine Macht über mich gewinne. Amen.

Musik

11 Der schönsten und herrlichsten Gaben Gottes eine ist die Musika, damit man viel Anfechtung und böse Gedanken vertreibt. Der ist der Satan sehr feind. Sie ist eine Zuchtmeisterin, so die Leute gelinder und sanftmütiger, sittsamer und vernünftiger macht.

*

12 Die Musik ist eine schöne, herrliche Gabe Gottes, und nahe der Theologie.

13 Es ist kein Zweifel, daß viel Same herrlicher Tugenden in solchen Gemütern anzutreffen ist, die von der Musik gerührt werden. Die aber davon keine Empfindung haben, die halte ich, sind den Klötzen und Steinen gleich.

*

14 Ich sage es gleich raus und schäme mich nicht, zu behaupten, daß nach der Theologie keine Kunst sei, die mit der Musik könne verglichen werden, weil allein dieselbe nach der Theologie solches vermag, was allein die Theologie sonst schafft, nämlich die Ruhe und ein fröhliches Gemüt.

*

15 Musika ist das beste Labsal einem betrübten Menschen, dadurch das Herze wieder zufrieden, erquickt und erfrischt wird.

Mut

16 Der Heilige Geist ist mutig. Er ist der Mut und Trotz in Gefahr und Anfechtungen des Todes.

*

17 Gut macht Mut,
Mut macht Armut,
Armut macht Demut.

Muttermilch

18 Muttermilch ist der Kinder beste Nahrung, Trank und Speise, denn sie nähret wohl. Wie denn auch die jungen Kälber mehr zunehmen von der Milch, die sie saugen, denn von allem andern Futter, also werden auch die Kinderlein stärker, die lange gestillt werden.

Nichteinmischung

1 Wo du nicht Herr bist, da laß einen jeglichen gehen, tun und machen, wie er will.

Not

2 Aus tiefer Not schrei ich zu dir,
Herr Gott, erhör mein Flehen.
Dein gnädig Ohr neig her zu mir,
laß meine Bitt geschehen.
Denn so du willst das sehen an,
was Sünd und Unrecht ist getan,
wer kann, Herr, vor dir bleiben?

Bei dir gilt nichts denn Gnad und Gunst,
die Sünde zu vergeben;
es ist doch unser Tun umsonst
auch in dem besten Leben.
Vor dir niemand sich rühmen kann;

des muß dich fürchten jedermann
und deiner Gnade leben.

Darum auf Gott will hoffen ich,
auf mein Verdienst nicht bauen;
auf ihn will ich verlassen mich
und seiner Güte trauen,
die mir zusagt sein wertes Wort;
das ist mein Trost und treuer Hort;
des will ich allzeit harren.

Und ob es währt bis in die Nacht
und wieder an den Morgen,
doch soll mein Herz an Gottes Macht
verzweifeln nicht noch sorgen.
So tu ein Christ der rechten Art,
der aus dem Geist erzeuget ward:
er harre seines Gottes.

Ob bei uns ist der Sünden viel,
bei Gott ist viel mehr Gnade;
sein Hand zu helfen hat kein Ziel,
wie groß auch sei der Schade.
Er ist allein der gute Hirt,
der Israel erlösen wird
aus seinen Sünden allen.

*

3 Not ist Not und hat kein Maß; gleich wie jedermann zulaufen und helfen soll, wenn's brennet in der Stadt, und nicht warten, bis man ihn drum bittet.

Nutzlos

4 Ich sage nun nichts mehr, denn ich trage Wasser ins Meer damit.

Ordnung

1 Wo Menschen sind, müssen sie auch Gesetze haben. Wenn nicht, dann sind sie wie Bären, Löwen und wilde Tiere – ohne häusliche und staatliche Ordnung.

Ostern

2 Christ lag in Todes Banden,
für unsre Sünd gegeben;
der ist wieder erstanden
und hat uns bracht das Leben.
Des wir sollen fröhlich sein,
Gott loben und dankbar sein
und singen: Halleluja, Halleluja.

Den Tod niemand zwingen kunnt
bei allen Menschenkindern;
das macht alles unsre Sünd,
kein Unschuld war zu finden.
Davon kam der Tod so bald
und nahm über uns Gewalt,
hielt uns in seim Reich gfangen. Halleluja.

Jesus Christus, Gottes Sohn,
an unser Statt ist kommen
und hat die Sünd abgetan,
damit dem Tod genommen
all sein Recht und sein Gewalt:
da bleibt nichts denn Tods Gestalt;
den Stachl hat er verloren. Halleluja.

Es war ein wunderlich Krieg,
da Tod und Leben rungen.
Das Leben behielt den Sieg,
es hat den Tod verschlungen.
Die Schrift hat verkündet das,
wie ein Tod den andern fraß;
ein Spott der Tod ist worden. Halleluja.

Hier ist das recht Osterlamm,
davon Gott hat geboten.
Das ist an des Kreuzes Stamm
in heißer Lieb gebraten.
Das Blut zeichnet unsre Tür.
Das hält der Glaub dem Tod für.
Der Würger kann nicht schaden. Halleluja.

So feiern wir dies hoch Fest
mit Herzensfreud und Wonne,
das uns der Herr scheinen läßt.
Er selber ist die Sonne,
der durch seiner Gnade Glanz
erleucht unsre Herzen ganz;
der Sünd Nacht ist vergangen. Halleluja.

Wir essen und leben wohl
in rechten Osterfladen.
Der alte Saurteig nicht soll
sein bei dem Wort der Gnaden.
Christus will die Speise sein
und speisen die Seel allein.
Der Glaub will des wohl leben. Halleluja.

*

3 Der Herr Christus ist gestorben und begraben – ich auch. Er ist danach erstanden und aufgefahren gen Himmel – ich auch.

Paradies

1 Der Gehorsam des Fleisches dem Geist gegenüber – das hieße das Paradies selbst.

Pfaffen

2 Pfaffen sollten beten und nicht regieren.

Pfarrer

3 Ärzte und Juristen bleiben genug, die Welt zu regieren; man muß aber zweihundert Pfarrer haben, wo man an einem Juristen genug hat.

4 Ein Pfarrherr ist gleich wie ein Spitalmeister.

*

5 Führt der Pfarrer ein anstößiges Dasein, dann beschweren sich die Bauern, lebt er untadelig, dann sagen sie: Wer kann so fromm sein wie unser Pfarrer? Ich muß meiner Arbeit nachgehen.

*

6 In Kürze wird es an Pfarrern und Predigern so sehr mangeln, daß man die jetzigen aus der Erde wieder herauskratzen würde, wenn man sie haben könnte.

*

7 Kann ich Griechisch, Hebräisch, Lateinisch usw., das spare ich für unsere Zusammenkünfte, da machen wir's so kraus, daß sich unser Herrgott darüber verwundert.

Pfingsten

8 Nun bitten wir den heiligen Geist
um den rechten Glauben allermeist,
daß er uns behüte an unserm Ende,
wenn wir heimfahren aus diesem Elende.
Herr, erbarm dich.

Du wertes Licht, gib uns deinen Schein,
lehr uns Jesum Christ kennen allein,

daß wir an ihm bleiben, dem treuen Heiland,
der uns bracht hat zum rechten Vaterland.
Herr, erbarm dich.

Du süße Lieb, schenk uns deine Gunst,
laß empfinden uns der Lieb Inbrunst,
daß wir uns von Herzen einander lieben
und im Frieden auf einem Sinn bleiben.
Herr, erbarm dich.

*

9 Du höchster Tröster in aller Not,
hilf, daß wir nicht fürchten Schand noch Tod,
daß in uns die Sinne nicht gar verzagen,
wenn der Feind wird das Leben verklagen.
Herr, erbarm dich.

Politik

10 Christus kümmert sich um politische oder wirtschaftliche Fragen nicht, sondern er ist ein König, das Reich des Teufels zu zerstören und die Menschen selig zu machen.

*

11 In der ganzen Kirchenlehre muß man sorgfältig darauf achten, welcher Teil recht eigentlich zum geistlichen Leben gehöre, welcher zum bürgerlichen und welcher zum politischen. Diese beiden Stücke müssen weit vom Evangelium getrennt werden, welches die

Kraft Gottes zur Seligkeit ist; jene aber sind nur gute, von Gott geschaffene Dinge.

*

12 So muß man auch die weltliche Obrigkeit zurechtweisen, damit sie die Habe ihrer Untertanen nicht durch Wucher und schlechte Fürsorge vertut. Aber vorschreiben zu wollen, wie man Brot und Fleisch verkaufen und wie man den Besitz versteuern soll, ist nicht des Predigers Sache.

Prediger

13 Der Glaube sieht auf das Wort, nicht auf die Prediger.

*

14 Der beste Prediger ist der, von dem man, wenn man ihn gehört hat, sagen kann: Das hat er gesagt. Wenn er gleich nicht viel Sprüche aus der Schrift angeführt hat, wenn es ihr nur entspricht.

*

15 Der Prediger steige auf die Kanzel, öffne seinen Mund, höre aber auch wieder auf.

*

16 Die sind als Prediger die besten, die das Volk und die Jugend ganz einfach und unumwunden

ohne jeden Dünkel und ohne Spitzfindigkeit lehren, so wie Christus das Volk durch ganz einfache Gleichnisse belehrte.

*

17 Ein Prediger darf sich nicht in staatliche Dinge einmischen.

*

18 Ein Prediger ist wie ein Zimmermann, sein Instrument und Werkzeug ist Gottes Wort.

*

19 Ein Prediger muß die Welt gut kennen, muß wissen, daß sie verzweifelt böse und des Teufels eigen ist, wo sie am besten scheint.

*

20 Eines guten Redners Amt und Merkzeichen ist, daß er aufhöre, wenn man ihn am liebsten hört und meint, es werde erst kommen. Wenn man ihn aber mit Überdruß hört und das Ende der Rede erwartet, das ist ein böses Zeichen. So ist es auch mit einem Prediger.

*

21 Falsche Prediger sind ärger als Jungfrauenschänder.

*

22 Fein langsam reden ist einem Prediger am passendsten; denn er kann so desto überlegter und genauer seine Predigten vorbringen.

23 Hoffärtigen Predigern legt Gott verdienter Maßen das Kreuz auf, denn sie wollen die Ehre haben und fressen unserem Herrgott das Fett von der Suppe und geben ihm das Wasser davon.

*

24 Unser Herrgott will allein Prediger sein.

*

25 Wer nur ein Wort aus dem Wort Gottes hat und aus ihm nicht eine ganze Predigt machen kann, der ist es nicht wert, daß er jemals eine Predigt halte.

*

26 Wir sollen Ammen sein, aber keine Schankwirte.

Predigt

27 Christus kommt zu uns durch die Predigt, so ist er mitten unter uns.

*

28 Das Evangelium kann nicht ohne Widerrede gepredigt werden.

*

29 Eine lange Predigt ist mir verhaßt.

30 Einfach zu predigen ist eine große Kunst.

*

31 Gott will und befiehlt, daß man den Stolzen das höllische Feuer predige, den Frommen aber das Paradies, die Bösen strafe und die Guten tröste.

*

32 Lange predigen ist keine Kunst, aber recht und gut predigen.

*

33 Man soll auf dem Predigtstuhl die Zitzen herausziehen und das einfache Volk mit Milch speisen.

*

34 Predigen will ich's, sagen will ich's, schreiben will ich's; aber zwingen und dringen mit Gewalt will ich niemand; denn der Glaube will willig und ungenötigt sein und ohne Zwang angenommen werden.

*

35 Wem das Predigtamt aufgelegt wird, dem wird das höchste Amt aufgelegt in der Christenheit.

*

36 Wenn ihr predigen wollt, so redet mit Gott und sprecht: Lieber Herrgott, ich will dir zu Ehren predigen; ich will von dir reden, dich loben,

deinen Namen preisen. Da ich es nicht schön und gut machen kann, mach du es gut.

Predigt Jesu

37 Ach wie hat doch unser Herr Christus Fleiß gehabt, daß er einfältig lehrte! Von Weinstöcken, von Schäflein, von Bäumen usw. gebrauchte er Gleichnisse; alles darum, daß es die Leute verstehen, fassen und behalten können.

*

38 Wenn Christus redet, so soll man beide Ohren fegen.

Priester

39 Ein Priesterstand sollte nichts anderes sein in der Christenheit als ein Amtmann: weil er im Amt ist, geht er voran; wo er abgesetzt, ist er ein Bauer oder Bürger wie die anderen.

*

40 Wir sind allesamt Priester, so viele wir Christen sind. Die aber, die wir Priester nennen, sind von uns erwählte Diener, die in unserm Namen alles tun sollen, und ihr Priestertum ist nur ein Dienst.

Psalter

41 Willst du die heilige christliche Kirche gemalet sehen mit lebendiger Farbe und Gestalt, in einem kleinen Bilde gefaßt, so nimm den Psalter vor dich, so hast du einen feinen, hellen, reinen Spiegel, der dir zeigen wird, was die Christenheit sei.

Rache

1 Alle Rache ist unter den Christen aufgehoben, die sollen in den Früchten des Geistes wachsen und zunehmen, unter welchen die Liebe am größten ist.

*

2 Rache gibt notwendig ein schuldiges und schlechtes Gewissen.

Rausch

3 Das Beste vom Menschen vergeht mit der Trunkenheit.

*

4 Sauft, daß euch das Unglück ankomme!

*

5 Trunken Freud,
Nüchtern Leid.

Recht

6 Gewalt mußt du dulden, vom Recht aber darfst du nicht ablassen. Gewalt ist etwas, aber Recht ist etwas anderes.

Regierung

7 Das Ansehen der Obrigkeit ist in der Welt sehr nötig; deshalb soll man für sie zu Gott beten. Sehr leicht kann sie nämlich verderblichen Einflüssen unterliegen.

*

8 Ein Sprichwort sagt: Das Recht ist allzeit ein frommer Mann; der Richter ist oft ein Schalk.

*

9 Dem öffentlichen Wesen stehen entweder wenige vor oder viele, und doch wird es weder von wenigen noch von vielen wohl verwaltet, wenn Gott ihm nicht vorsteht.

*

10 Die Obrigkeit ist eine Dienerin Gottes. Von sich aus könnte sie keine öffentliche Ordnung erhalten. Sie ist wie ein Netz im Wasser: Unser Herrgott aber jagt ihr die Fische zu. Gott führt der Obrigkeit die Übeltäter zu, damit sie nicht entkommen.

11 Fürsten und Herren sind arme Leute. Darum hat unser Herrgott nicht umsonst befohlen, die Obrigkeit zu ehren und für sie zu beten.

*

12 Regieren ist, durch die Finger sehen. Wer nicht durch die Finger sehen kann, der weiß nicht zu regieren.

Reich Gottes

13 Man lerne Christum also erkennen, daß in seinem Reich nur schwache und kranke Leute sind, und daß es nichts anderes sei denn ein Spital, da lauter Gebrechliche und Sieche liegen, derer man sich annehmen müsse.

*

14 Was fürchtst du, Feind Herodes, sehr,
daß uns geboren wird Christ der Herr?
Er sucht kein sterblich Königreich,
der zu uns bringt sein Himmelreich.

Reichtum

15 Einen Reichen schilt man, aber gibt ihn um Geld los.

*

16 Glaube ist der Christen Reichtum.

17 Gott läßt wohl geschehen, daß du reich bist, aber du sollst dem Reichtum nicht verfallen.

*

18 Ich bin reich, wenn ich auch nicht viel habe, weil ich das Meine genieße. Ich mache mir keine Sorge, wie ich meinen Reichtum vor andern verheimliche.

*

19 Reichtum ist das geringste Ding auf Erden und die allerkleinste Gabe, die Gott einem Menschen geben kann – darum gibt unser Herrgott gemeiniglich Reichtum den groben Eseln, denen er sonst nichts gönnt.

*

20 Wo reiche Leute sind, da ist alles teuer.

Richter

21 Der Richter sei Verwalter, nicht Zerstörer des Rechts.

Sakramente

1 Das Sakrament ist die Speise der Seele.

*

2 Die sich dem Sakrament fernhalten, die sind nicht Christen.

3 Im Neuen Testament sind die Taufe und das Abendmahl gleichsam Gottes Kleider, in welchen sich Gott uns zeigt und mit uns handelt.

*

4 Sakrament ist ein Bund göttlicher Gnade und Geschenk, unter einer äußerlichen Gestalt und sichtlichen Form im Wort gereicht.

Schaden

5 Du schadest dir selbst am allermeisten, wenn du einen andern schädigst.

Schafe

6 Wie könnte uns unser Herr Christus einfältiger schelten, denn daß er uns Schafe heißet? Ein Schaf läßt sich schelten, gibt aber nichts desto weniger Wolle oder Milch und lässet sein Leben mit Geduld.

Schlaflosigkeit

7 Wenn der Teufel des Nachts an mich kommt, mich zu plagen, gebe ich ihm diese Antwort: Teufel, ich muß jetzt schlafen. Denn das ist Gottes Befehl und Ordnung: des Tages arbeiten und des Nachts schlafen.

Schlange

8 Die Anmaßung ist das Haupt der Schlange.

*

9 Die Schlange ist das Abbild der Lüge.

Schneider

10 Die Schneider nehmen viel Stoff und geben keinen Schnitt.

Schöpfung

11 Miß nur ab, bist du so klug, wie durch einen solchen kleinen Stiel wächst so ein großer Apfel, Birne oder Kirsche und dergleichen viel geringer Wunder. Laß Gott wirken und glaub du, nicht vermiß ihn zu fangen und zu begreifen.

*

12 Wenn das ein Mensch vermöchte, daß er eine einzige Rose machen könnte, so sollte man ihm ein Kaisertum schenken!

*

13 Wer kann das verstehen, wie Gott das schafft: Aus dem dürren Erdreich so verschiedenartige

Blumen mit so schönen Farben und lieblichem Duft, wie sie kein Maler noch Apotheker machen könnte.

Schule

14 Wenn Schulen zunehmen, so stehet's wohl, und die Kirche bleibt rechtschaffen.

Schüler

15 Schüler und Studenten sind der Kirche Samen und Quellen.

Schutz Gottes

16 Er hat verheißen, daß er uns will beistehen, wenn wir ihn nur um Regierung und Hilfe, Schutz und Schirm fleißig bitten und mit Ernst anrufen; und solange wir diesen Schiffsherrn bei uns haben und behalten, so hat es keine Not, und wir kommen aus allem Unglück, daß uns die grausamen Winde und Wellen nicht schaden noch bedecken können.

*

17 Wenn uns Gott nicht bewahrt und wie mit einem Wall umgibt, so hat uns der Satan bald gestürzt und gefressen.

Sekten

18 Alle, die besondere Offenbarungen und Traumgesichte rühmen und danach trachten, sind Verächter Gottes. Denn sie lassen sich an seinem Wort nicht genügen.

*

19 Es werden noch viele Sekten kommen.

*

20 Ich habe die fanatischen und wütenden Schwärmer gern; sie bringen sich selbst um.

Segen

21 Außerhalb des Wortes Gottes gibt es keinen Segen.

*

22 Es wolle Gott uns gnädig sein
und seinen Segen geben;
sein Antlitz uns mit hellem Schein
erleucht zum ewgen Leben,
daß wir erkennen seine Werk
und was ihm lieb auf Erden,
und Jesu Christi Heil und Stärk
bekannt den Heiden werden
und sie zu Gott bekehren.

23 Fristen wird er das Leben dein
und mit Gutem stets bei dir sein,
daß du sehen wirst Kindes Kind
und daß Israel Frieden find.

*

24 Gib du, lieber Herr, in dessen Gewalt alles steht, fruchtbares Gedeihen, sonst wird alle Mühe und Arbeit vergebens sein.

Selbsterkenntnis

25 Es heißt: Hans, nimm dich selbst bei der Nase und greif in deinen eignen Busen; wenn du willst einen Schalk suchen und urteilen, so findest du den größten Schalk auf Erden, daß du anderer Leute wohl vergessen wirst.

Selbstverleugnung

26 Es ist eine Kunst, sich selbst zu verleugnen. Wir haben daran zu lernen, solange wir leben, ebenso sehr wie alle Heiligen vor uns, neben uns und nach uns tun müssen.

Seligkeit

27 Aus Barmherzigkeit werden wir selig, so wir darauf vertrauen; Gott aber muß die Herzen ändern.

28 Christus soll allein alles sein, was meine Seligkeit betrifft.

*

29 Christus will, daß alle Menschen selig werden. Darum sehe ein jeder zu, wie er in das «alle» komme.

*

30 Christus will, daß alle Menschen selig werden, das ist: er allein macht sie alle selig, er ist allein das Licht, das alle Menschen erleuchtet.

*

31 Das heißt selig sein, wenn Gott in uns herrscht und wir sein Reich sind.

*

32 Einer, der selig werden will, soll also gesinnt sein, als sei kein Mensch sonst auf Erden denn er allein, und daß aller Trost und Zusage Gottes hin und wieder in der Heiligen Schrift ihn allein angehe.

*

33 Ich bin selig in Christus, diese Zuversicht soll mir niemand nehmen.

*

34 Seligkeit ist uns ganz ohne unser Verdienst geschenkt und erworben.

35 Sollst du selig werden, so mußt du des Wortes Gottes also gewiß sein, daß, wenn gleich alle Menschen anders sagten, ja alle Engel nein dazu sprächen, du dennoch könntest allein darauf stehen und sagen: Dennoch weiß ich, daß dies Wort recht ist.

Sinn des Lebens

36 Gebenedeiet sei das Leben, darin einer nicht ihm, sondern seinem Nächsten lebt.

*

37 Niemand lasse den Glauben daran fahren, daß Gott durch ihn eine große Tat tun will.

*

38 Unser Leben soll nichts anderes sein als ein stetes Verlangen und Warten auf das zukünftige Leben.

*

39 Was ist dein und mein Leben wert, wenn es nicht im schlichten Gutsein des Herzens, in der Freundlichkeit jedes Begegnens, in dem Verlangen, eine Menschenseele froh zu machen, sein höchstes Ziel sieht?

Sinnlosigkeit

40 Vermaledeiet sei das Leben, das sich einer allein lebt und nicht seinem Nächsten.

Söhne

41 Der Sohn ist nicht schuldig, dem Vater gehorsam zu sein, etwas wider Gott zu tun und zu sündigen.

*

42 Ich wollte lieber einen toten denn einen ungezogenen Sohn haben.

Sparsamkeit

43 Der Sparpfenig ist einträglicher als der Zinspfennig.

*

44 Mit dem Sparen hat man zulange gewartet, wenn nichts mehr da ist.

*

45 Sparsam sein ist das beste Einkommen.

Spielen

46 Gott hat uns zugegeben zu spielen mit Äpfeln, Birnen, Nüssen, auch mit unsern Kindern und Weibern und allen Kreaturen zu scherzen; aber mit Gott und seiner Majestät sollen wir das nicht tun; wie man sagt: Mit großen Herren ist nicht gut Kirschen essen.

Staat

47 Bei den Kindern muß angefangen werden, wenn es im Staate besser werden soll.

*

48 Wo der beste Staat ist, da wird die Tugend für Würde gehalten.

Sterben

49 Gott nehme mich diese Stunde oder morgen aus diesem Leben, so will ich das hinter mir lassen, damit ich Jesus Christus erkenne und bekenne als meinen Gott und Herrn.

*

50 Mit Fried und Freud ich fahr dahin
in Gottes Wille;
getrost ist mir mein Herz und Sinn,
sanft und stille.

Wie Gott mir verheißen hat, der Tod ist mein
Schlaf worden.

Das macht Christus, wahr Gottes Sohn,
der treue Heiland,
den du mich, Herr, hast sehen lan
und gmacht bekannt,
daß er sei das Leben mein und Heil in Not und
Sterben.

Den hast du allen vorgestellt
mit großen Gnaden,
zu seinem Reich die ganze Welt
heißen laden
durch dein teuer heilsam Wort, an allem Ort
erschollen.

Er ist das Heil und selig Licht
für alle Heiden,
zu erleuchten, die dich kennen nicht,
und zu weiden.
Er ist deins Volks Israel der Preis, Ehr, Freud
und Wonne.

*

51 Wir sterben so oft, ehe wir endlich einmal wirklich sterben.

Stern von Bethlehem

52 Dem Stern die Weisen folgen nach.
Solch Licht zum rechten Licht sie bracht.

Sie zeigen mit den Gaben drei,
dies Kind Gott, Mensch und König sei.

Stillen

53 Die Frauen, die stillende Kinder haben, sind die fröhlichsten Frauen.

*

54 Es ist unfreundlich und unnatürlich, daß eine Mutter nicht ihr Kind stillet, denn dazu hat ihr Gott die Brüste und die Milch darin gegeben um des Kindleins willen; es sei denn, daß sie nicht kann stillen, da bricht Not Eisen, wie man sagt.

Stolz

55 Die eigene Gerechtigkeit kitzelt unsern Adam immer mehr als fremde.

*

56 Ehren verändern den Charakter, aber niemals zum Guten, und leicht werden Tyrannen daraus.

*

57 Eigendünkel führet zum Tode.

*

58 Eigendünkel verdirbt alle Dinge.

59 Es ist schwer, daß der, so sonderliche Gaben vor anderen hat, nicht stolz und vermessen sein und andere nicht verachten sollte. Darum läßt Gott die, so große Gaben haben, bisweilen in schwere Anfechtungen fallen, auf daß sie lernen, sie seien nichts, wenn Gott die Hand abzieht.

*

60 Gott kann Hoffart nicht leiden.

*

61 Gott will und befiehlt, daß man den Stolzen das höllische Feuer predige.

*

62 Verwunderlich ist es, daß die Menschen so selbstsicher und anmaßend sind. Dabei hätten wir bei uns reichlich und unermeßlich genug Anlaß, demütig zu sein. In keiner Stunde sind wir sicher vor dem Tode. Auch das Wachstum des Getreides, von dem wir uns nähren, liegt nicht in unserer Hand. Ebenso ist die Sonne und die Luft, von der wir leben, nicht in unserer Gewalt, noch der Tag und der Schlaf, ganz zu schweigen von den geistlichen Dingen.

*

63 Wir sehen, wenn einer etwas Vortreffliches ist, hat er mehr und größere Gaben als ein anderer, so wird er hoffärtig und stolz, will über die andern alle herrschen und sie

verachten und regieren. Er meint, sein Dreck stinke alleine.

Strafe

64 Die Kunst kann unser Herrgott, daß er Buben durch Buben strafen kann.

*

65 Gott straft selbst, aber heimlich, entweder durch Armut, eine böse Frau, durch ungehorsame Kinder und auf viele andere Weise. Was für eine Strafe wünschst du?

*

66 Man muß also strafen, daß der Apfel bei der Rute sei.

*

67 Strafe haßt man, aber die Sünde liebt man.

Sünde

68 Der Glaube und die Liebe tilgen die Sünden.

*

69 Niemand kann in der Welt ohne Sünde leben.

Sündenvergebung

70 Ein jeder Christ, so wahre Reue und Leid hat über seine Sünden, erhält vollkommenen Ablaß von Strafe und Schuld auch ohne Ablaßbrief.

*

71 Vergebung der Sünden kriegt man allein durchs Wort.

Jüngster Tag

1 Es wird noch so böse werden auf Erden, daß man in allen Winkeln wird schreien: O Herr, komm mit dem jüngsten Tage!

Tapferkeit

2 In Trübsal soll man männlich sein.

*

3 Unser ganzes Leben soll männlich sein, Gott fürchten und vertrauen.

Taufe

4 Christ, unser Herr, zum Jordan kam
nach seines Vaters Willen;

von Sankt Johanns die Taufe nahm,
sein Werk und Amt z'erfüllen.
Da wollt er stiften uns ein Bad,
zu waschen uns von Sünden,
ersäufen auch den bittern Tod
durch sein selbs Blut und Wunden.
Es galt ein neues Leben.

So hört und merket alle wohl,
was Gott heißt selbst die Taufe
und was ein Christ denn glauben soll,
zu meiden Ketzerhaufen.
Gott spricht und will, daß Wasser sei,
doch nicht allein nur Wasser,
sein heiligs Wort ist auch dabei
mit reichem Geist ohn Maßen;
der ist allhier der Täufer.

Solchs hat er uns beweiset klar
mit Bildern und mit Worten.
Des Vaters Stimm man offenbar
daselbst am Jordan hörte.
Er sprach: «Das ist mein lieber Sohn,
an dem ich hab Gefallen;
den will ich euch befohlen han,
daß ihr ihn höret alle
und folget seinem Lehren.»

Auch Gottes Sohn hier selber steht
in seiner zarten Menschheit.
Der Heilig Geist herniederfährt
in Taubenbild verkleidet,
daß wir nicht sollen zweifeln dran,

wenn wir getaufet werden:
All drei Person' getaufet han,
damit bei uns auf Erden
zu wohnen sich ergeben.

Sein' Jünger heißt der Herre Christ:
Geht hin, all Welt zu lehren,
daß sie verlorn in Sünden ist,
sich soll zur Buße kehren.
Wer glaubet und sich taufen läßt,
soll dadurch selig werden.
Ein neugeborner Mensch er heißt,
der nicht mehr könne sterben,
das Himmelreich soll erben.

Wer nicht glaubt dieser großen Gnad,
der bleibt in seinen Sünden
und ist verdammt zum ewigen Tod
tief in der Hölle Grunde.
Nichts hilft sein eigen Heiligkeit,
all sein Tun ist verloren.
Die Erbsünd macht's zur Nichtigkeit,
darin er ist geboren,
vermag sich selbst nicht helfen.

Das Aug allein das Wasser sieht,
wie Menschen Wasser gießen.
Der Glaub im Geist die Kraft versteht
des Blutes Jesu Christi
und ist vor ihm ein rote Flut
von Christi Blut gefärbet,
die allen Schaden heilen tut,
von Adam her geerbet,
auch von uns selbst begangen.

5 Der Glaube ist geheftet an die Taufe.

*

6 Die Tauf im Jordan an sich nahm
das himmelische Gottes-Lamm;
dadurch, der nie kein Sünde tat,
von Sünden uns gewaschen hat.

*

7 Die Taufe gibt uns die Seligkeit ganz.

*

8 Die Taufe muß sein, wo Christen sind, und Christen sind da, wo die Taufe ist.

*

9 Ich bin auf Christus getauft, daß ich bei seiner Lehre bleiben und zufrieden sein soll.

*

10 Ich bin getauft, also bin ich Gottes Kind, und ein Vater kann und wird sein Kind nicht verstoßen.

*

11 Ich danke dir, mein Herr Christus, mit Herz und Mund preise und lobe ich dich vor der Welt, daß du der bist, der mir gnädig ist und mir hilft. Denn so habe ich's angenommen in der Taufe: daß du mein Herr und Gott sein sollst und kein anderer.

12 Taufe ist ein täglich Kleid der Christen.

*

13 Wenn wir recht erkenneten und verstünden die Größe und Würde unserer Taufe, so wären wir selig, auch so, daß wir's fühlten.

Teufel

14 Dem bösen Geist ist nicht wohl dabei, wenn man Gottes Worte im rechten Glauben singt oder predigt.

*

15 Der Satan ist ein trauriger, saurer Geist, der nicht leiden kann, daß ein Herz fröhlich sei oder Ruhe habe, sonderlich in Gott.

*

16 Der Teufel ist ein trauriger Geist und macht traurige Leute, darum kann er Fröhlichkeit nicht leiden.

*

17 Die Welt ist des Teufels Haus; darum, wo man hinkommt, findet man den Wirt daheim.

*

18 Laßt uns nur beten, anders als durch das Gebet allein können wir des Teufels Pläne nicht zerstören.

19 Und wenn die Welt voll Teufel wär
und wollt uns gar verschlingen,
so fürchten wir uns nicht so sehr,
es soll uns doch gelingen.
Der Fürst dieser Welt,
wie saur er sich stellt,
tut er uns doch nicht;
das macht: er ist gericht;
ein Wörtlein kann ihn fällen.

*

20 Wenn das Stündlein der Anfechtung kommt, so ist's in einem Hui und gar bald geschehen, daß uns der Teufel durch seine List hinwegreißt.

*

21 Wenn Gott die Hand abzieht, so frißt uns der Teufel auf.

*

22 Wenn man den Satan einmal als solchen erkannt hat, kann man seinen Stolz leicht zuschanden machen, indem man sagt: Leck mich im A..., oder: Sch... in die Hosen und häng's an den Hals.

*

23 Wir sind im Vergleich zum Teufel wie die Samenkörnchen des Löwenzahns, welche die Kinder wegpusten.

24 Zwei Dinge sind dem Satan eigen: das erste, daß er uns sicher macht und daß wir Gott zur Zeit des Wohlergehens nicht fürchten; das zweite, daß er uns zur Zeit der Trübsal verzweifeln und vor Gott fliehen lehrt.

Theologe

25 Der Theologe lehrt nur, an Christus zu glauben, danach soll er jeden ermahnen, seine Pflicht im Glauben zu tun.

*

26 Drei Dinge machen einen Theologen: Die Meditation oder Nachsinnung, das Gebet und die Anfechtung.

*

27 Ein guter Bibelkenner ist auch ein guter Theologe.

Theologie

28 Das vornehmste Studium in der Theologie ist, daß man Christus recht erkennen lerne.

*

29 Die Theologie gibt Leben und Seligkeit, alle anderen Fakultäten nähren nur den Leib.

30 Eigentliches Anliegen der Theologie ist der Mensch unter der Sünde, der Angeklagte und Verlorene, und Gott, der Rechtfertiger und Erlöser des sündigen Menschen.

*

31 Es gibt nur einen Artikel und eine Regel in der Theologie; wer die nicht aufnimmt und kennt, ist kein Theologe: nämlich rechter Glaube oder Vertrauen auf Christus.

*

32 Wenn die Theologie blüht, so steht alles wohl und geht glücklich vonstatten.

Theorie und Praxis

33 Wahrheit und Recht sind wohlgefaßt in Büchern, aber in der Praxis sind sie nichts.

*

34 Wie wir lehren, so laßt uns auch tun.

Tiere

35 Alle Tiere und Kreaturen sind geschaffen, daß wir an ihnen lernten Gott erkennen und fürchten.

36 Die Tiere sind eine Kreatur Gottes, und was Gottes Kreatur ist, das darf man nicht schändlich mißbrauchen, und wo du das tätest, so würden sie zu dem Herrn, ihrem Gott wider dich schreien, der auch sie geschaffen hat und für sie sorgt. Aber manche Leute machen sich kein Gewissen daraus, ihr Vieh hungern zu lassen oder zu quälen oder zu martern, auch zu übermäßiger Arbeit zu peitschen und zu zwingen. Das halte ich alles für Unbarmherzigkeit. Und wer unbarmherzig ist wider das Vieh, der ist auch unbarmherzig gegen die Menschen.

*

37 Ich glaube, daß auch die Belferlein, die Hündlein, in den Himmel kommen und jede Kreatur eine unsterbliche Seele habe.

Tierschutz

38 Es sollte der Jugend scharf eingeprägt werden, daß sie hübsch lernte Mitleiden haben auch mit den Tieren, damit das Herz auch nicht kalt und lieblos gegen die Menschen würde.

Tod

39 Es gibt kein sanfteres noch lieblicheres Ding auf Erden als einen süßen Schlaf. Deshalb ist

für einen wirklichen Christen nichts süßer als der Tod. Er schläft, um fröhlich und mit Jubel aufzuerstehen.

*

40 Es gibt niemanden, der nicht lieber alle anderen Übel zu erdulden wünschte, wenn er dadurch dem Übel des Todes entgehen könnte. Denn vor dem Tod haben sich auch die Heiligen gefürchtet; den hat auch Christus nur mit Furcht und blutigem Schweiß erlitten.

*

41 Mit Fried und Freud ich fahr dahin
in Gottes Wille;
getrost ist mir mein Herz und Sinn,
sanft und stille,
wie Gott mir verheißen hat;
der Tod ist mein Schlaf worden.

*

42 Mit dem Tode umzugehen ist die Schule des Glaubens.

*

43 Wir sind alle zu Tode gefordert, und es wird keiner für den andern sterben, sondern jeder muß in eigener Person geharnischt und gerüstet sein, mit dem Teufel und Tode zu kämpfen.

Tod und Leben

44 Mitten im Leben sind wir im Tode; denn täglich warten auf uns mancherlei und tödliche Krankheiten und Fälle. Drum bedürfen wir zu allen Stunden Gottes, daß er uns erhalte.

*

45 Wenns ans Sterben geht, da muß ich so geschickt sein, daß ich sage: Ei, mitten in dem Tode will ich das Leben finden; ich will hier sterben, mein Herr ist bei mir. Also kehrt sich dann das Liedlein um, das man singet: «Mitten wir im Leben sind mit dem Tod umfangen»; und man singt jetzt: «Mitten im Tode sind wir mit dem Leben umfangen!»

Todesahnung

46 Wenn ich wieder heim gen Wittenberg komme, so will ich mich alsdann in den Sarg legen und den Maden einen feisten Doktor zu essen geben.

Todesüberwindung

47 Christus ist die beste, gewisse, einzige Arznei wider den Tod.

Traurigkeit

48 Alle Traurigkeit ist vom Teufel; denn er ist ein Herr des Todes.

*

49 Die Krankheit des Geistes, welche man Traurigkeit nennt, und der Tod sind Geschwister und Kinder miteinander. Gegen diese hat man im Deutschen ein sehr schönes Sprichwort: Guter Mut ist halber Leib.

*

50 Gott gefällt die Taurigkeit des Herzens nicht. Obwohl er weltliche Traurigkeit zuläßt, will er nicht, daß ich wegen ihm betrübt sei.

*

51 Gott ist ein Feind aller Traurigkeit und verfolgt sie mit allen seinen Worten, dem Heiligen Geist, den Sakramenten, dem Wort des Evangeliums usw.

*

52 Wer mit dem Geist der Traurigkeit geplagt wird, der soll aufs höchste sich hüten und vorsehen, daß er nicht allein sei.

Treue

53 Bei dem Wort Gottes will ich bleiben, es falle oder stehe, was da sonst steht oder fällt.

54 Christus stehet da, den kann ich nicht verleugnen.

*

55 Hier stehe ich, ich kann nicht anders. Gott helfe mir. Amen.

Trost

56 Christus ins Fleisch ziehen, ist sehr tröstlich.

*

57 Vater und Gott allen Trostes, verleihe uns durch dein heiliges Wort und deinen Geist einen festen, fröhlichen und dankbaren Glauben, damit wir diese und alle Not selig überwinden können. Laß uns endlich schmecken und erfahren, daß es die Wahrheit ist, da dein lieber Sohn Christus selbst spricht: Sei getrost, ich habe die Welt überwunden.

*

58 Wer mit Traurigkeit, Verzweiflung und anderem Herzeleid geplagt wird und einen Wurm im Gewissen hat, derselbe halte sich erstlich an den Trost des göttlichen Wortes, danach so esse und trinke er und trachte nach Gesellschaft und Gespräch gottseliger und christlicher Leute, so wird es besser mit ihm werden.

Trostgebet

59 Trostgebet im letzten Stündlein

Allmächtiger, ewiger, barmherziger Herr und Gott, der du bist ein Vater unseres lieben Herrn Jesus Christus, ich weiß gewiß, daß du alles, was du gesagt hast, auch halten kannst und willst, denn du kannst nicht lügen; dein Wort ist wahrhaftig! Du hast mir im Anfang deinen lieben, einzigen Sohn, Jesus Christus, zugesagt, derselbe ist gekommen und hat mich von Teufel, Tod, Hölle und Sünden erlöst. Danach sind mir zu größerer Sicherheit aus gnädigem Willen die Sakramente der heiligen Taufe und des Abendmahls geschenkt, darinnen mir Vergebung der Sünden, ewiges Leben und alle himmlischen Güter angeboten sind. Auf solches dein Anbieten hab ich derselben gebraucht und im Glauben auf dein Wort mich fest verlassen und sie empfangen. Deshalb zweifle ich nun gar nicht, daß ich sicher und zufrieden bin vor Teufel, Tod, Hölle und Sünde. Ist dieses meine Stunde und dein göttlicher Wille, so will ich mit Fried und Freuden auf dein Wort gern von hinnen scheiden.

Tugend

60 Das Gott-Danken ist der Christen eigentliche Tugend.

61 Die vier Haupttugenden hat man gut aufgeteilt: die Mäßigkeit erhält den Leib, die Gerechtigkeit ernährt, die Tapferkeit wehrt, die Weisheit regiert alles.

Tyrannen

62 Tyrannen sind Statthalter des Teufels auf der Erde.

Überflüssiges

1 Herrschaft ohne Schutz, Reichtum ohne Nutz,
Richter ohne Recht, Lotter und Spitzknecht,
Bäume ohne Frucht, Frauen ohne Zucht,
Adel ohne Tugend, unverschämte Jugend,
Hochmütige Pfaffen, Buben, die unnütz klaffen,
Böse eigensinnige Kind, Leute, die niemand nütze sind,
Neidische Mönche, geizige Platten (= Tonsuren), mag man auf Erden wohl entraten.

Übermut

2 Wenn dem Esel zu wohl ist, so gehet er aufs Eis gumpen und bricht ein Bein.

Überraschung

3 Ich war gegen die Bauern, weil ich fürchtete, daß der Teufel Abt würde, wenn sie siegten. Nun die Fürsten gesiegt haben, merke ich, daß des Teufels Großmutter Äbtissin geworden ist.

Übung

4 An den Lappen lernen die Hunde Leder fressen. Ebenso ist auch, wer im Geringsten fleißig ist, im Großen fleißig.

Unbegreiflichkeit Gottes

5 Es ist aus der Massen schwer, daß ein Mensch glauben soll, daß ihm Gott gnädig sei um Christi willen, obwohl er ein großer Sünder ist. Ei, des Menschen Herz ist zu enge, daß ihm solches nicht will eingehen, noch daß er's fassen könnte.

*

6 Unser Herrgott ist wie ein Drucker, der seine Buchstaben setzt. Seinen Satz sehen und fühlen wir hier schon, aber den Abdruck werden wir erst dort sehen, unterdessen müssen wir Geduld haben.

Unbescheidenheit

7 Wer den Pfennig nicht achtet, der wird keines Guldens Herr.

*

8 Wer sich mit hundert Gulden nicht ernähren kann, der ernährt sich auch mit tausend nicht.

Undank

9 Der Mensch, der eine einzige Wohltat Gottes ohne Danksagung genießt, der ist gleich einem, der Gott bestohlen hat.

*

10 Undankbarkeit ist das allerschändlichste Laster.

*

11 Wem man vom Galgen hilft, der bringt einen daran.

Unersättlichkeit

12 Das ist der Teufel mit uns, daß niemand genug hat!

*

13 Je mehr wir haben, umso mehr wollen wir haben.

Unerschütterlichkeit

14 Fall hin und her, verzweifle nur nicht und steh wieder auf!

*

15 Schelte, lästere, richte meine Person und mein Leben nur frisch, wer da will! Es ist ihm schon vergeben. Aber niemand erwarte von mir weder Huld noch Geduld, wer meinen Herrn Christum, durch mich gepredigt, und den Heiligen Geist zu Lügnern machen will. Es liegt nichts an mir, aber Christi Wort will ich mit fröhlichem Herzen und frischem Mut verantworten, nicht auf Menschen achten, dazu mir Gott einen fröhlichen, unerschrockenen Geist gegeben hat, den sie mir nicht betrüben werden, hoffe ich, ewiglich.

Ungeduld

16 Gott will, daß wir nicht an unserer Ungeduld zerbrechen.

Unglaube

17 Ach Gott, vom Himmel sieh darein
und laß dich des erbarmen;
wie wenig sind der Heilgen dein,
verlassen sind wir Armen.

Dein Wort man läßt nicht haben wahr,
der Glaub ist auch verloschen gar
bei allen Menschenkindern.

Sie lehren eitel falsche List,
was eigen Witz erfindet.
Ihr Herz nicht eines Sinnes ist,
in Gottes Wort gegründet.
Der will nur dies, der andre das,
sie trennen uns ohn alle Maß.
Sie glänzen nur von außen.

Gott woll' ausrotten alle gar,
die falschen Schein uns lehren.
Ihre Zung spricht, stolz offenbar,
voll Trotz: «Wer will's uns wehren?
Wir haben Recht und Macht allein,
was wir setzen, das gilt gemein.
Wer ist, der uns sollt meistern?»

Darum spricht Gott: «Ich muß auf sein,
die Armen sind verstöret;
ihr Seufzen dringt zu mir herein,
ich hab ihr Klag erhöret.
Mein heilsam Wort soll auf den Plan,
getrost und frisch sie greifen an
und sein die Kraft der Armen.»

Das Silber, im Feur siebenmal
bewährt, wird echt erfunden;
an Gottes Wort man hangen soll
desgleichen alle Stunden.

Es will durchs Kreuz bewähret sein,
da wird sein Kraft erkannt und Schein
und leucht' stark in die Lande.

Das wollst du, Gott, bewahren rein
vor diesem argen Gschlechte
und laß uns dir befohlen sein,
daß sich's nicht mit uns flechte.
Der gottlos Hauf sich umher findt,
wo diese losen Leute sind,
in deinem Volk erhaben.

*

18 Arznei, Rat und Hilfe ist der blinden Welt unnütz; es ist Tauf und Salböl an ihr verloren.

*

19 Die ganze Welt ist jetzt voll gottlosen Wesens und Undankbarkeit.

*

20 Die Gottlosen meinen allerdings, Gott schlafe und sehe nicht, was sie vorhaben.

*

21 Ein Gottloser kann kein gutes Wort reden.

*

22 Erhalt uns, Herr, bei deinem Wort
und steure deiner Feinde Mord,
die Jesum Christum, deinen Sohn,
wollen stürzen von deinem Thron.

23 Es spricht der Unweisen Mund wohl:
«Den rechten Gott wir meinen.»
Doch ist ihr Herz Unglaubens voll.
mit Tat sie ihn verneinen.
Ihr Wesen ist verderbet zwar,
für Gott ist es ein Greuel gar.
Es tut ihr keiner kein Gut.

Gott selbst vom Himmel sah herab
auf alle Menschenkinder.
Zu schauen dort er sich begab,
ob er jemand würd' finden,
der sein Verstand gerichtet hätt',
mit Ernst nach Gottes Worten tät'
und fragt' nach seinem Willen.

Da war niemand auf rechter Bahn.
Sie waren all zerstritten.
Ein jeder ging nach seinem Wahn
und hielt verlorne Sitten.
Er fand von Guten nicht einen,
wiewohl viele taten meinen,
ihr Tun müßt Gott gefallen.

Wie lang wollen unwissend sein,
die solche Mühe aufladen
und fressen damit das Volk mein
und nähren sich mit seim Schaden?
Sie trauen nicht auf ihren Gott,
sie rufen ihn nicht in der Not,
sie wollen sich selbstversorgen.

Darum ist ihr Herz nimmer still
und steht allzeit im Fürchten.

Gott bei den Frommen bleiben will,
dem sie mit Glauben ghorchen.
Ihr aber schmäht des Armen Rat
und höhnet alles, was er sagt,
daß Gott sein Trost ist worden.

Wer soll Israel, dem armen,
zu Zion Heil erlangen?
Gott wird sich seins Volks erbarmen
und lösen, die gefangen.
Das wird er tun durch seinen Sohn.
Daran wird Jakob Wonne han
und Israel sich freuen.
(Psalm 14)

*

24 Wenn es so soll in deutschen Landen gehen, daß keine Furcht noch Scheu vor Gottes Zorn mehr ist, und keine Lust noch Dank dem lieben Heiland für seine saure Marter erzeigt wird und daß man dennoch evangelisch und Christen heißen will, dann ist mir's leid, daß ich als Deutscher geboren bin und je deutsch geredet und geschrieben habe.

*

25 Wenn sie Heiden sein wollen, wollen wir sie auch als Heiden halten.

*

26 Wer aber nicht glaubt an Christum, dem dient kein Ding zum Guten; er ist ein Knecht aller

Dinge, muß sich aller Dinge ärgern, dazu ist sein Gebet nicht angenehm, kommt auch nicht vor Gottes Augen.

*

27 Wo die Heilige Schrift nicht regiert, da rate ich fürwahr niemandem, daß er sein Kind hintue. Es muß verderben alles, was nicht Gottes Wort ohne Unterlaß treibt; darum sehen wir auch, was für Volk wird und ist in den hohen Schulen.

Unglück

28 Je größer die Gewalt, je größer Unglück, wo nicht in Gottesfurcht und Demut gehandelt wird.

*

29 So sollten auch wir all unser Unglück nicht anders ansehen und annehmen, als zündete uns Gott damit ein Licht an, damit wir seine Güte und Wohltat in unzähligen andern Stücken sehen und erkennen möchten.

Unkraut

30 Unkraut wächst schnell, daher wachsen die Mädchen rascher als die Knaben.

Unrecht

31 Das Sprichwort bleibt wahr: Unrecht Gut gedeihet nicht, kommt an den dritten Erben nicht.

*

32 Unrecht wird durch ander Unrecht nicht zu Recht gemacht.

Unsicherheit

33 Wo man der Lehre nicht gewiß ist, da ist mit dem Teufel nicht gut disputieren.

*

34 Wer seines Glaubens nicht gewiß ist, der kann nicht bestehen.

Unterschiede

35 Ein Messer schneidet besser als das andere.

Unterwegs

36 Das Leben ist nicht eine Frömmigkeit, sondern ein Frommwerden.

37 Der Christ lebt nicht im Wordensein, sondern im Werden. Daß also dies Leben nicht ist ein Frommsein, sondern ein Frommwerden, nicht ein Gesundsein, sondern ein Gesundwerden, nicht eine Ruhe, sondern eine Übung. Wir sind es noch nicht, wir werden es aber; es ist noch nicht getan und geschehen, es ist aber im Gang und Schwang. Es ist nicht das Ende, es ist aber der Weg; es glüht und glänzt noch nicht alles, es klärt sich aber alles.

*

38 Herr, daran fehlt mir's, du gibst dich mir so reichlich und im Überfluß, ich aber kann's nicht ebenso tun meinem Nächsten gegenüber. Das klage ich dir und bitte, laß mich doch so reich und kräftig werden, daß ich's auch tun kann.

*

39 Wir müssen immer fortschreiten, und wer meint, es ergriffen zu haben, der weiß nicht, daß er auch im Anfang steht. Denn wir sind immer auf dem Wege und müssen verlassen, was wir kennen und haben, und suchen, was wir noch nicht kennen und haben.

Untreue

40 Untreue ist auch Dieberei.

*

41 Untreue und Geiz gedeihen nicht.

Unüberlegtheit

42 Immer gerade drauflos macht einen guten Reiter; aber bei diesem Immer-gerade-drauflos rennt man sich auch leicht den Kopf ein.

Unzufriedenheit

43 Das Los der anderen gefällt uns immer besser: die ergiebigere Saat steht immer auf fremdem Felde, und der Nachbar hat immer das fruchtbarere Vieh.

*

44 Gute Tage können wir nicht ertragen, böse können wir nicht leiden.

*

45 Niemand ist mit seinem Los zufrieden. Das träge Rind möchte gerne einen Sattel aufgelegt bekommen, das Pferd möchte pflügen.

*

46 Unser Herrgott kann's nicht recht machen, er tue, wie er wolle.

*

47 Wir streben nach dem, was wir nicht haben.

Vaterunser

1 Christus selbst hat die Gestalt des Vaterunsers vorgeschrieben.

*

2 Das Vaterunser bindet die Leute zusammen und ineinander, daß einer für den andern und mit dem andern betet, und wird stark und mächtig, daß es auch den Tod vertreibt.

*

3 Das Vaterunser und der Glaube ist ein groß Ding wider den Teufel.

*

4 Ein Gebet über alle Gebete ist das Gebet des Herrn.

*

5 Laßt uns mit dem Vaterunser zusammensitzen, dann werden wir Rat finden; sonst hilft uns nichts.

*

6 So ist das Vaterunser ein Gebet für alle Gebete.

*

7 Vater unser im Himmelreich,
der du uns alle heißest gleich
Brüder sein und dich rufen an,

und willst das Beten von uns han,
gib, daß nicht bet allein der Mund;
hilf, daß es geh von Herzensgrund.

Geheiligt werd der Name dein;
dein Wort bei uns hilf halten rein,
daß wir auch leben heiliglich,
nach deinem Namen würdiglich.
Behüt uns, Herr, vor falscher Lehr,
das arm verführet Volk bekehr.

Es komm dein Reich zu dieser Zeit
und dort hernach in Ewigkeit.
Der Heilig Geist uns wohne bei
mit seinen Gaben mancherlei;
des Satans Zorn und groß Gewalt
zerbrich; vor ihm dein Kirch erhalt.

Dein Will gescheh, Herr Gott, zugleich
auf Erden wie im Himmelreich.
Gib uns Geduld in Leidenszeit,
gehorsam sein in Lieb und Leid;
wehr und steur allem Fleisch und Blut,
das wider deinen Willen tut.

Gib uns heut unser täglich Brot,
wes man bedarf zur Leibesnot;
behüt uns, Herr, vor Krieg und Streit,
vor Seuchen und vor teurer Zeit,
daß wir in gutem Frieden stehn,
der Sorg und Geizes müßig gehn.

All unsre Schuld vergib uns, Herr,
daß sie uns nicht betrübe mehr,
wie wir auch unsern Schuldigern
ihr Schuld und Fehl vergeben gern.
Zu dienen mach uns all bereit
in rechter Lieb und Einigkeit.

Führ uns, Herr, in Versuchung nicht.
Wenn uns der böse Geist anficht
zur linken und zur rechten Hand,
hilf uns tun starken Widerstand,
im Glauben fest und wohlgerüst
und durch des Heiligen Geistes Trost.

Von allem Übel uns erlös;
es sind die Zeit und Tage bös.
Erlös uns von dem ewgen Tod
und tröst uns in der letzten Not.
Bescher uns auch ein selig End;
nimm unsre Seel in deine Händ.

Amen, das ist: es werde wahr.
Stärk unsern Glauben immerdar,
auf daß wir ja nicht zweifeln dran,
daß wir hiermit gebeten han
auf dein Wort in dem Namen dein.
So sprechen wir das Amen fein.

Verantwortung

8 Den Christen gebietet man nichts, sondern man vermahnt sie.

9 Jeder handle so, als wenn Gott durch ihn eine große Tat will.

*

10 Wem viel befohlen ist, der muß viel abrechnen.

Verbitterung

11 Ein verhärtetes Herz läßt sich durch Versprechungen nicht rühren, wird durch Wohltaten nicht bewegt, durch Drohungen nicht erschreckt und durch Heimsuchungen nicht gebessert.

Verbotenes

12 Was verboten ist, dagegen handelt man gern.

Verbundenheit mit Gott

13 Das heißt Gott erfaßt, wenn ihn das Herz ergreift und an ihm hängt.

*

14 Im Trauern Freud, in Freuden trauern;
Fröhlich im Herrn, traurig in uns sein.

15 Lieber Gott, dir sei Lob und Dank, daß du uns im Wort, Glauben und Gebet täglich erhältst. So können wir in Demut und Gottesfurcht vor dir wandeln, nicht auf eigene Weisheit und Gerechtigkeit, Erkenntnis und Stärke pochen, sondern uns allein deiner Kraft rühmen. Wenn wir schwach sind, bist du stark und behältst den Sieg durch uns als die Schwachen. Dir sei Lob und Dank in Ewigkeit.

*

16 Wenn Gott nicht Freund ist, so hilft kein Freund; wenn er aber Freund ist, so liegt nichts daran, ob niemand Freund ist.

Verführung

17 Es ist des Teufels Kunststücklein, ja Tücke eine, daß wir uns vom Wort so liederlich wegführen lassen, daß wir selbst nicht wissen wie. Wir sind fürwahr arme Leute, darum ist's am allerbesten, nur bald gestorben und eingescharrt.

Vergebung

18 Dem Nächsten vergeben macht uns sicher und gewiß, daß uns Gott vergeben hat.

19 Die äußerliche Vergebung, so ich mit der Tat erzeige, ist ein gewiß Zeichen, daß ich Vergebung der Sünde bei Gott habe.

*

20 Wir müssen unsere Feinde lieben, ihnen vergeben und gnädig sein, damit die Liebe und Gnade nicht falsch ist und wir samt allem, was wir lieben, zum Teufel fahren.

Verlassenheit

21 Allen leidenden Menschen ist die Weile lang und wiederum kurz den fröhlichen, sonderlich aber und unermeßlich lang ist sie denen, die diesen inwendigen Schmerz der Seele haben, da von Gott verlassen gefühlt wird.

Vernunft

22 Die menschliche Vernunft lehrt nur die Hände und die Füße, Gott aber das Herz.

Verschwiegenheit

23 Es ist auf Erden kein besser List,
Denn wer seiner Zungen ein Meister ist.

*

24 Viel wissen und wenig sagen,
Nicht antworten auf alle Fragen.

Verteidigung

25 Wenn ich könnte, schriebe ich eine Vermahnung an die ganze Welt, in der ich dafür einträte, daß jeder die Seinen verteidigte.

Vollkommenheit

26 Vollkommen sein, heißt Gott fürchten und lieben und dem Nächsten alles Gute tun.

Vorsicht

27 Glaube, liebe, sage, tue nicht alles, was du hörst, siehst, weißt, willst.

Vorurteile

28 Sie haben alle blaue Brillen vor den Augen, und durch dieselbigen sehen sie auch Gott an, als sei er auch so, und können ihn nicht anders ansehen.

Wagnis des Glaubens

1 Wohlan, wir habens auf den Mann, den Herrn Christum, Gottes Sohn, gewagt, der wird uns

gewißlich nicht lassen. Unser Leib und Leben steht auf ihm; wo er bleibt, da werden wir auch bleiben; sonst weiß ich nichts, darauf ich trotzen könnte.

Wahrheit

2 Alle Welt haßt die Wahrheit, wenn sie einen trifft.

*

3 Aus Wahrheit kann nur Wahres kommen.

*

4 Christus allein erhält uns in der Wahrheit.

*

5 Der Wein ist stark, der König stärker, die Weiber noch stärker, aber die Wahrheit am allerstärksten.

*

6 Die Erfahrung zeiget an, wie kräftig die Wahrheit Gottes ist. Je mehr man sie lieset, je mehr wirkt sie.

*

7 Die Wahrheit macht nicht viele Worte.

*

8 In der Wahrheit fühlen sich die Menschen immer sicher (und werden deshalb nachlässig).

9 Wahrheit geht betteln.

*

10 Wer die Wahrheit sagt, dem wird man gram.

Walten Gottes

11 Was Gott tut, das stehet.
Was Gott will, das gehet.

Warum

12 Das «Warum» hat alle Heiligen gequält.

Weihnachten

13 Christum wir sollen loben schön,
der reinen Magd Marien Sohn,
so weit die liebe Sonne leucht
und an aller Welt Ende reicht.

Der selig Schöpfer aller Ding
zog an eins Knechtes Leib gering,
daß er das Fleisch durch Fleisch erwerb
und sein Geschöpf nicht ganz verderb.

Die göttlich Gnad vom Himmel groß
sich in die keusche Mutter goß.
Ein Mägdlein trug ein heimlich Pfand,
das der Natur war unbekannt.

Das züchtig Haus des Herzens zart
gar bald ein Tempel Gottes ward.
Die kein Mann rühret noch erkannt,
von Gottes Wort man schwanger fand.

Die edle Mutter hat geborn
den Gabriel verhieß zuvor,
den Sankt Johann mit Springen zeigt,
da er noch lag in Mutters Leib.

Er lag im Heu mit Armut groß.
Die Krippe hart ihn nicht verdroß.
Es ward ein kleine Milch sein Speis,
der nie kein Vöglein hungern ließ.

Des Himmels Chör sich freuen drob,
und die Engel singen Gott Lob.
Den armen Hirten wird vermeldt
der Hirt und Schöpfer aller Welt.

Lob, Ehr und Dank sei dir gesagt
Christ, geborn von reiner Magd,
mit Vater und dem Heilgen Geist
von nun an bis in Ewigkeit.

*

14 Den aller Welt Kreis nie beschloß,
der liegt in Marien Schoß.
Er ist ein Kindlein worden klein,
der alle Ding erhält allein.

Das ewig Licht geht da herein,
gibt der Welt ein neuen Schein;
es leucht wohl mitten in der Nacht
und uns des Lichtes Kinder macht.

15 Nimm, Herr Jesu, unsere Geburt von uns und versenke sie in deiner Geburt. Schenke uns die deine, daß wir darin rein und neu werden, als wäre sie unser eigen, daß ein jeder von uns sich deiner Geburt nicht weniger freuen und rühmen möge, als wie wenn er auch wie du leiblich von Maria geboren wäre. Stärke uns den Glauben, daß du ganz unser bist, ein Kind – uns geboren, ein Sohn – uns gegeben.

*

16 Nun komm, der Heiden Heiland
als der Jungfrau Kind erkannt.
Wundern soll sich alle Welt,
daß Gott solch Geburt gefällt.

Nicht von Mannes Blut noch Fleisch,
allein vom heiligen Geist
ist Gott uns worden ein Mensch,
blüht in eines Weibes Leib.

Der Jungfrau Leib schwanger ward,
doch blieb Keuschheit rein bewahrt.
Licht erfuhr manch Tugend schön.
Gott war da in seinem Thron.

Aus der Kammer tritt hervor,
aus dem königlichen Tor,
wahrer Gott und Mensch, ein Held;
freudig läuft er hin zur Welt.

Sein Lauf kam vom Vater her
und kehret wieder zum Vater.

Fuhr hinunter zu der Höll
und wieder zu Gottes Stuhl.

Der du bist dem Vater gleich,
für hinaus den Sieg im Fleisch.
Daß dein ewig Gotts Gewalt
in uns das kranke Fleisch erhalt.

Glanz von seiner Krippe bricht;
durch die Nacht strahlt neues Licht.
Keine Nacht ihm wehren kann;
treulich strahlt es uns fortan.

Lob sei Gott im höchsten Thron,
Lob sei seinem lieben Sohn,
Lob sei Gott, dem heilgen Geist,
allzeit und in Ewigkeit.

*

17 Sieh nicht an, was du bist, sondern sieh hier, was dir heut widerfährt: Sieh an, der zu dir kommt; sieh nicht an, daß du ein armer Sünder bist.

*

18 «Vom Himmel hoch, da komm ich her,
ich bring euch gute neue Mär;
der guten Mär bring ich so viel,
davon ich singn und sagen will.

Euch ist ein Kindlein heut geborn
von einer Jungfrau auserkorn,

ein Kindelein so zart und fein,
das soll eur Freud und Wonne sein.

Es ist der Herr Christ, unser Gott,
der will euch führn aus aller Not;
er will eur Heiland selber sein,
von allen Sünden machen rein.

Er bringt euch alle Seligkeit,
die Gott der Vater hat bereit,
daß ihr mit uns im Himmelreich
sollt leben nun und ewiglich.

So merket nun das Zeichen recht:
die Krippe, Windelein so schlecht;
da findet ihr das Kind gelegt,
das alle Welt erhält und trägt.»

Des laßt uns alle fröhlich sein
und mit den Hirten gehn hinein,
zu sehn, was Gott uns hat beschert,
mit seinem lieben Sohn verehrt.

Merk auf, mein Herz, und sieh dort hin,
was liegt doch in dem Krippelein.
Wes ist das schöne Kindelein?
Es ist das liebe Jesulein.

Sei mir willkommen, edler Gast.
Den Sünder nicht verschmähet hast
und kommst ins Elend her zu mir.
Wie soll ich immer danken dir?

Ach Herr, du Schöpfer aller Ding,
wie bist du worden so gering,
daß du da liegst auf dürrem Gras,
davon ein Rind und Esel aß.

Und wär die Welt vielmal so weit,
von Edelstein und Gold bereit,
so wär sie doch dir viel zu klein,
zu sein ein enges Wiegelein.

Der Sammet und die Seiden dein,
das ist grob Heu und Windelein;
darauf du König groß und reich
herprangst, als wär's dein Himmelreich.

Das hat also gefallen dir,
die Wahrheit anzuzeigen mir,
wie aller Welt Macht, Ehr und Gut
vor dir nichts gilt, nichts hilft, noch tut.

Ach mein herzliebes Jesulein,
mach dir ein rein sanft Bettelein
zu ruhen in meins Herzens Schrein,
daß ich nimmer vergesse dein.

Davon ich allzeit fröhlich sei,
zu springen, singen immer frei
das rechte Susaninne schön
mit Herzenslust den süßen Ton.

Lob, Ehr sei Gott im höchsten Thron,
der uns schenkt seinen lieben Sohn.

Des freuet sich der Engel Schar
und singet uns solch neues Jahr.

*

19 Vom Himmel kam der Engel Schar,
erschien den Hirten offenbar;
sie sagten an: «Ein Kindlein zart,
das liegt dort in der Krippe hart

zu Bethlehem in Davids Stadt,
wie Micha das verkündet hat;
es ist der Herre Jesus Christ,
der euer aller Heiland ist.

Des sollt ihr billig fröhlich sein,
daß Gott mit euch ist worden eins.
Er ist nun euer Fleisch und Blut;
eur Bruder ist das ewge Gut.»

Wein

20 Der Wein ist gesegnet und hat ein Zeugnis in der Schrift, das Bier aber gehört zur menschlichen Überlieferung.

*

21 Für die Toten Wein, für die Lebenden Wasser: Das ist eine Vorschrift für Fische.

Weisheit

22 Die wahre Weisheit besteht darin, sich selbst und Gott zu erkennen.

*

23 Gott allein ist die Weisheit.

*

24 Wie groß auch die Macht ist, so wird sie doch nicht herrschen, sondern die Weisheit.

Welt

25 Die Welt ist des Teufels und besteht aus Teufeln. Lasset uns beten.

*

26 Die Welt ist wie ein trunkener Bauer; hebt man ihn auf einer Seite in den Sattel, so fällt er auf der andern wieder herab.

*

27 Die Welt schändet immer, was man loben soll, und lobt, was man schänden soll.

*

28 Die Welt will betrügen oder betrogen werden.

*

29 Die Welt wird nur mit lauterem Wahn regiert.

30 Es ist allzeit besser, einen Buben leben zu lassen, denn einen frommen Mann zu töten, nachdem die Welt doch Buben hat und haben muß, der Frommen aber wenig hat.

*

31 Gott hat uns nicht aus der Welt hinaus-, sondern in die Welt hineingewiesen.

*

32 Laß die Welt schrecken, trotzen und drohen, wie lange sie will, es muß ein Ende haben; aber unser Trost und Freude wird kein Ende haben. Also sollen wir uns vor der Welt nicht fürchten, sondern mutig sein. Vor Gott aber sollen wir uns demütigen und fürchten.

*

33 Wir sollen uns nicht darum kümmern, was die Welt über uns sagt.

Werke Gottes

34 Unser Haus, Hof, Acker, Garten und alles ist voll Bibel, da Gott durch seine Wunderwerke nicht allein predigt, sondern auch an unsere Augen klopft, unsere Sinnen rührt und uns gleichsam ins Herz leuchtet, so wir's haben wollen, auf daß wir sollen aufmerken und wahrnehmen.

35 Welche auf das Wort sehen, die sehen, daß die ganze Welt voller Wunderwerke ist. Es müssen aber die Augen rein sein, sonst werden auch die vortrefflichsten Werke Gottes gering geachtet, weil sie so gemein sind und täglich geschehen.

Gute Werke

36 Der Christen Werke sind des Nächsten Nutz und Frommen.

*

37 Ein gutes Werk ist das, was anderen wohltut.

*

38 Gute Werke haben keinen Namen.

*

39 Sollen die Werke gut sein, so muß zuvor der Mann gut und fromm sein, der sie tut; denn wo nichts Gutes inne ist, kommt nichts Gutes aus.

Widerspruch

40 Gott kann zwar Gegensätze vertragen, aber Widersprüche kann er nicht ertragen.

Wirkung

41 Wo Gott die Taufe stehen und das Evangelium predigen läßt, werden sie nicht leer zurückkommen.

Wissen

42 Wer nicht versucht ist, der weiß nichts.

Wohlergehen

43 Die Welt kann nichts weniger ertragen denn gute Tage.

Wort

44 Mit wenigen Worten viel zu sagen, ist eine Kunst, eine große Torheit aber ist es, viele Worte zu gebrauchen und doch nichts zu sagen.

*

45 Ohne das Wort ist alles nichts.

*

46 Wort und Glauben allein regieren die Seele. Von welcher Art das Wort ist, solcherlei wird auch die Seele sein.

Wort Gottes

47 Das Wort Gottes bleibt, solange die Welt steht.

*

48 Das Wort sie sollen lassen stahn
und kein Dank dazu haben;
er ist bei uns wohl auf dem Plan
mit seinem Geist und Gaben.
Nehmen sie den Leib,
Gut, Ehr, Kind und Weib:
laß fahren dahin;
sie haben's kein Gewinn;
das Reich muß uns doch bleiben.

*

49 Der Teufel kann das Wort Gottes nicht leiden; es ist ihm in den Augen wie Rauch und dicker Nebel.

*

50 Des Glaubens Grund ist Gottes recht verstandenes Wort.

*

51 Ein feuriger Schild ist Gottes Wort, darum daß es bewährter und reiner ist denn Gold, das im Feuer nichts verliert und geht ihm nichts ab, sondern es besteht, bleibt und überwindet alles. Also wer dem Wort Gottes glaubt, der überwindet alles und bleibt ewig sicher gegen alles Unglück.

52 Es ist mit Gottes Wort nicht zu scherzen. Kannst du es nicht verstehen, so ziehe den Hut vor ihm ab.

*

53 Es gibt kein größer Ding, als daß wir glauben können, daß Gott mit uns redet. Wenn wir das glaubten, so wären wir schon selig.

*

54 Gleich wie unsere Fackeln und Wachslichter nicht erleuchten den Himmel, auch die Erde nicht, sondern die engen Winkel in den Häusern, die Sonne aber erleuchtet den Himmel, Erde und alles: also ist Gottes Wort auch die rechte Sonne, die uns den ewigen Tag gibt zu leben und fröhlich zu sein.

*

55 Gott bestätigt sein Wort auf mancherlei Weise.

*

56 Gott kann nicht lügen. Da hab ich sein Wort. Das kann mich nicht täuschen.

*

57 Gottes Wort führet zum Leben.

*

58 Gottes Wort soll die Welt vor Augen stellen.

*

59 Gottes Wort zündet die Herzen an zu glauben.

60 Gottes Wort ist unser Heiligtum und macht alle Dinge heilig.

*

61 Gott wirkt durch das Wort, durch sonst nichts. Das Wort ist ein Wagen und Werkzeug im Herzen.

*

62 Hat man Gottes Wort nicht, so ist's bald um uns geschehen, denn da kann der Teufel die Leute nach seinem Willen reiten und treiben.

*

63 Lieber Gott, verkläre dein Wort in unseren Herzen und mache es so licht und heiß, daß wir Trost und Freude davon empfinden.

*

64 So müssen wir nun gewiß sein, daß die Seele kann aller Dinge entbehren außer des Wortes Gottes; ohne das Wort Gottes ist ihr mit keinem Ding geholfen. Wo sie aber das Wort hat, so bedarf sie auch keines anderen Dinges mehr, sondern sie hat in dem Wort genug Speise, Freude, Frieden, Licht, Kunst, Gerechtigkeit, Wahrheit, Weisheit, Freiheit und alles Gut überschwenglich.

*

65 So oft das Wort Gottes gepredigt wird, macht es fröhliche, sichere und lautere Gewissen vor

Gott; denn es ist ein Wort der Gnade und Vergebung, gut und süß.

*

66 Unendlich und unaussprechlich ist die Herrlichkeit des Wortes Gottes, für das wir Gott niemals genug Dank sagen können.

*

67 Was für eine köstliche Sache ist es, Gottes Wort in allen Dingen zu haben. Denn der kann ganz getrost sein, wenn er auch noch so sehr versucht wird. Ein anderer ohne Gottes Wort fällt aber notwendig in Verzweiflung, denn es fehlt ihm die himmlische Berufung.

*

68 Wo ich Gottes Wort ergreife, so habe ich gewonnen Spiel, schütze mich wider den Teufel und sage also: «Ich weiß und bin's gewiß aus Gottes Wort, das wird mir nicht lügen, daß diese Lehre nicht mein ist, sondern des Sohnes Gottes.»

Wucher

69 In Sachsen sagt man:
Wer sagt, daß Wucher Sünde sei,
der hat kein Geld, das glaube frei.
Aber ich sage dagegen:
Wer sagt, daß Wucher kein Sünde sei,
hat keinen Gott, das glaube frei.

Würde

70 Glaube macht die Person würdig.

*

71 Würde ist das, was für das Beste gehalten wird.

Wunder Gottes

72 Gottes Wunder geschehen nicht darum, daß wir sie ermessen und fangen, sondern dadurch glauben und getrost werden sollen.

Die Zehn Gebote

1 Die Zehn Gebote hat Gott selbst gegeben.

*

2 Dies sind die heilgen Zehn Gebot,
die uns gab unser Herregott
durch Moses, seinen Diener treu,
hoch auf dem Berg Sinai.
Kyrieleis.

Ich bin allein dein Gott der Herr.
Kein Götter sollst du haben mehr.
Du sollst mir ganz vertrauen dich,
von Herzensgrund lieben mich.
Kyrieleis.

Du sollst nicht brauchen zu Unehrn
den Namen Gottes, deines Herrn.
Du sollst nicht preisen recht noch gut,
als was Gott selbst redt und tut.
Kyrieleis.

Du sollst heilgen den siebten Tag,
daß du und dein Haus ruhen mag.
Du sollst von deim Tun lassen ab,
daß Gott sein Werk in dir hab.
Kyrieleis.

Du sollst ehrn und gehorsam sein
dem Vater und der Mutter dein.
Und wo dein Hand ihn' dienen kann,
so wirst du langes Leben han.
Kyrieleis.

Du sollst nicht töten zorniglich,
nicht hassen noch selbst rächen dich,
Geduld haben und sanften Mut
und auch dem Feind tun das Gut.
Kyrieleis.

Dein Eh' sollst du bewahren rein,
daß auch dein Herz kein ander mein,
und halten keusch das Leben dein
mit Zucht und Mäßigkeit fein.
Kyrieleis.

Du sollst nicht stehlen Geld noch Gut,
nicht wuchern jemands Schweiß und Blut.

Du sollst auftun dein milde Hand
den Armen in deinem Land.
Kyrieleis.

Du sollst kein falscher Zeuge sein,
nicht lügen von dem Nächsten dein.
Sein Unschuld sollst auch retten du
und seine Schand decken zu.
Kyrieleis.

Du sollst deins Nächsten Weib und Haus
begehren nicht noch etwas draus.
Du sollst ihm wünschen alles Gut',
wie dir dein Herz selber tut.
Kyrieleis.

Die Gebot all uns geben sind,
daß du dein Sünd, o Menschenkind,
erkennen sollst und lernen wohl,
wie man vor Gott leben soll.
Kyrieleis.

Das helf uns der Herr Jesus Christ,
der unser Mittler worden ist.
Es ist mit unserm Tun verlorn,
verdienen doch wir nur Zorn.
Kyrieleis.

*

3 Ich habe oft bei mir beschlossen, die Zehn Gebote sorgfältig durchzudenken, und wenn ich anfing bei den Worten: «Ich bin der Herr, dein Gott», bin ich meistens bei dem Wort «ich» stehengeblieben und kann's noch nicht genug verstehen. Wann werde ich dann mit meiner Meditation durch die ganzen Zehn Gebote kommen?

*

4 Kein gut Werk ist außer den Zehn Geboten Gottes.

*

5 Mensch, willst du leben seliglich
und bei Gott bleiben ewiglich,
sollst du halten die Zehn Gebot,
die uns gebeut unser Gott.
Kyrieleis.

Dein Gott allein und Herr bin ich,
kein andrer Gott soll irren dich.
Trauen soll mir das Herze dein;
mein eigen Reich sollst du sein.
Kyrieleis.

Du sollst mein Namen ehren schön
und in der Not mich rufen an.
Du sollst heilgen den Sabbattag,
daß ich in dir wirken mag.
Kyrieleis.

Dem Vater und der Mutter dein
sollst du nach mir gehorsam sein,
niemand töten noch zornig sein
und deine Ehe halten rein.
Kyrieleis.

Du sollst eim andern stehlen nichts,
auf niemand Falsches zeugen nicht,
deines Nächsten Weib nicht begehrn
und all seins Guts gern entbehrn.
Kyrieleis.

*

6 Weil unser Fleisch ständig schwach ist, deshalb muß man die Zehn Gebote Gottes immer predigen.

Zeit

7 Des Morgens lobe deinen Gott,
Des Mittags iß in Fried dein Brot,
Des Abends denk an deinen Tod,
Des Nachts verschlafe deine Not.

*

8 Unser Herrgott hat den jüngsten Tag nicht allein in die Bücher, sondern auch in die Bäume hineingeschrieben, damit wir, so oft wir die Bäume im Lenz ausschlagen sehen, an den Tag des Herrn denken.

Zorn

9 Ich habe keine bessere Arznei als den Zorn. Denn wenn ich gut schreiben, beten und predigen will, dann muß ich zornig sein; da

erfrischt sich mein ganz Geblüt, mein Verstand wird geschärft, und alle Anfechtungen weichen.

*

10 Zorn ist der Regent der Welt.

Zorn Gottes

11 Der allergrößte Zorn Gottes ist, wenn er sein Wort wegnimmt und nicht mehr mit uns redet, oder wenn er es die Leute verachten läßt.

*

12 Es kann kein größerer Zorn Gottes kommen, denn seines Wortes beraubt sein.

*

13 Kein größerer Zorn ist, denn wenn Gott still schweigt und redet nicht mit uns, sondern läßt uns in unserm Sinn und Wesen also hingehen und machen, wie es uns gelüstet.

*

14 Wenn Gott mit einem zürnet, so ist der Sache wohl zu raten, weil er barmherzig ist; wenn aber jemand, wenn er angefochten ist, mit Gott zürnt, da ist der Sache nicht zu helfen.

Zufriedenheit

15 Wer was weiß, der schweig,
Wem wohl ist, der bleib,
Der was hat, der behalte,
Unglück, das kommt balde.

Zugeben

16 Tut einer Unrecht, dann muß er's auch bekennen.

Zuversicht

17 Wenn ich wüßte, daß morgen die Welt unterginge, würde ich heute noch ein Apfelbäumchen pflanzen.

*

18 Lasset uns ja auf Jesus Christus in aller Zuversicht unser Vertrauen setzen!

*

19 Wiewohl ich zwischen Tür und Angel komme und gedrängt werde, ficht mich nichts an; denn, gehe ich darob zu Boden, so wird's Christus wohl hinausführen.

Zuwendung Gottes in Christus

20 Gott hat ein ganz kleines Gesicht

Zwang

21 In einem christlichen Volke soll und kann kein Zwang sein; denn wenn man die Gewissen mit äußerlichen Gesetzen anfängt zu binden, so geht bald der Glaube an das christliche Wesen unter.

Zweifel

22 Zweifel ist Sünde und ewiger Tod.

Ach Gott, vom Himmel (Psalm 12)

Ach Gott, vom Himmel sieh darein
und laß dich des erbarmen;
wie wenig sind der Heilgen dein,
verlassen sind wir Armen.
Dein Wort man läßt nicht haben wahr,
der Glaub ist auch verloschen gar
bei allen Menschenkindern.

Sie lehren eitel falsche List,
was eigen Witz erfindet.
Ihr Herz nicht eines Sinnes ist,
in Gottes Wort gegründet.
Der will nur dies, der andre das,
sie trennen uns ohn alle Maß.
Sie glänzen nur von außen.

Gott woll' ausrotten alle gar,
die falschen Schein uns lehren.
Ihre Zung spricht, stolz offenbar,
voll Trotz: Wer will's uns wehren?
Wir haben Recht und Macht allein,
was wir setzen, das gilt gemein.
Wer ist, der uns sollt meistern?

Darum spricht Gott: «Ich muß auf sein,
die Armen sind verstöret;
ihr Seufzen dringt zu mir herein,
ich hab ihr Klag erhöret.
Mein heilsam Wort soll auf den Plan,
getrost und frisch sie greifen an
und sein die Kraft der Armen.»

Das Silber, im Feur siebenmal
bewährt, wird echt erfunden;
an Gottes Wort man hangen soll
desgleichen alle Stunden.
Es will durchs Kreuz bewähret sein,
da wird sein Kraft erkannt und Schein
und leucht' stark in die Lande.

Das wollst du, Gott, bewahren rein
vor diesem argen Gschlechte
und laß uns dir befohlen sein,
daß sich's nicht mit uns flechte.
Der gottlos Hauf sich umher findt,
wo diese losen Leute sind,
in deinem Volk erhaben.

All Ehr und Lob soll Gottes sein (Gloria)

All Ehr und Lob soll Gottes sein.
Er ist und heißt der Höchst allein.
Sein Zorn auf Erden hab ein End.
Sein Fried und Gnad sich zu uns wend.
Den Menschen das gefalle wohl.
Dafür man herzlich danken soll.
Ach, lieber Gott, dich loben wir
und preisen dich mit ganzer Gier;
auch kniend wir anbeten dich,
dein Ehr wir rühmen stetiglich.
Wir danken dir zu aller Zeit
für deine große Herrlichkeit.
Herr Gott, im Himmel König bist,
ein Vater, der allmächtig ist.
Du, Gottes Sohn, vom Vater bist,
einig geborn Herr Jesu Christ.
Herr Gott, du zartes Gottes-Lamm,
ein Sohn aus Gott, des Vaters Stamm,

der du der Welt Sünd trägst allein,
wollst uns gnädig barmherzig sein;
der du der Welt Sünd trägst allein,
laß dir unsre Bitt gefällig sein;
der du gleich sitzst dem Vater dein,
wollst uns gnädig barmherzig sein.

Du bist und bleibst heilig allein
über alles der Herr allein.
Der Allerhöchst allein du bist,
du lieber Heiland Jesu Christ,
samt dem Vater und dem Heilgen Geist
in göttlicher Majestät gleich.
Amen: das ist gewißlich wahr,
das bekennt aller Engel Schar
und alle Welt so weit und breit
von Anfang bis in Ewigkeit.
Amen.

Aus tiefer Not schrei ich zu dir (Psalm 130)

Aus tiefer Not schrei ich zu dir,
Herr Gott, erhör mein Flehen.
Dein gnädig Ohr neig her zu mir,
laß meine Bitt geschehen.
Denn so du willst das sehen an,
was Sünd und Unrecht ist getan,
wer kann, Herr, vor dir bleiben?

Bei dir gilt nichts denn Gnad
und Gunst,
die Sünde zu vergeben;
es ist doch unser Tun umsonst
auch in dem besten Leben.
Vor dir niemand sich rühmen kann;
des muß dich fürchten jedermann
und deiner Gnade leben.

Darum auf Gott will hoffen ich,
auf mein Verdienst nicht bauen;
auf ihn will ich verlassen mich
und seiner Güte trauen,
die mir zusagt sein wertes Wort;
das ist mein Trost und treuer Hort;
des will ich allzeit harren.

Und ob es währt bis in die Nacht
und wieder an den Morgen,
doch soll mein Herz an Gottes Macht
verzweifeln nicht noch sorgen.
So tu ein Christ der rechten Art,
der aus dem Geist erzeuget ward:
er harre seines Gottes.

Ob bei uns ist der Sünden viel,
bei Gott ist viel mehr Gnade;
sein Hand zu helfen hat kein Ziel,
wie groß auch sei der Schade.
Er ist allein der gute Hirt,
der Israel erlösen wird
aus seinen Sünden allen.

Christ lag in Todes Banden

Christ lag in Todes Banden,
für unsre Sünd gegeben;
der ist wieder erstanden
und hat uns bracht das Leben.

Des wir sollen fröhlich sein,
Gott loben und dankbar sein
und singen: Halleluja, Halleluja.

Den Tod niemand zwingen kunnt
bei allen Menschenkindern;
das macht alles unsre Sünd,
kein Unschuld war zu finden.
Davon kam der Tod so bald
und nahm über uns Gewalt,
hielt uns in seim Reich gfangen.
Halleluja.

Jesus Christus, Gottes Sohn,
an unser Statt ist kommen
und hat die Sünd abgetan,
damit dem Tod genommen
all sein Recht und sein Gewalt:
da bleibt nichts denn Tods Gestalt;
den Stachl hat er verloren. Halleluja.

Es war ein wunderlich Krieg,
da Tod und Leben rungen.
Das Leben behielt den Sieg,
es hat den Tod verschlungen.
Die Schrift hat verkündet das,
wie ein Tod den andern fraß;
ein Spott der Tod ist worden,
Halleluja.

Hier ist das recht Osterlamm,
davon Gott hat geboten.
Das ist an des Kreuzes Stamm
in heißer Lieb gebraten.
Das Blut zeichnet unsre Tür.
Das hält der Glaub dem Tod für.
Der Würger kann nicht schaden.
Halleluja.

So feiern wir dies hoch Fest
mit Herzensfreud und Wonne,
das uns der Herr scheinen läßt.
Er selber ist die Sonne,
der durch seiner Gnade Glanz
erleucht unsre Herzen ganz;
der Sünd Nacht ist vergangen.
Halleluja.

Wir essen und leben wohl
in rechten Osterfladen.
Der alte Saurteig nicht soll
sein bei dem Wort der Gnaden.
Christus will die Speise sein
und speisen die Seel allein.
Der Glaub will des wohl leben.
Halleluja.

Christ, unser Herr, zum Jordan kam

Christ, unser Herr, zum Jordan kam
nach seines Vaters Willen;
von Sankt Johanns die Taufe nahm,
sein Werk und Amt z'erfüllen.
Da wollt er stiften uns ein Bad,
zu waschen uns von Sünden,
ersäufen auch den bittern Tod
durch sein selbs Blut und Wunden.
Es galt ein neues Leben.

So hört und merket alle wohl,
was Gott heißt selbst die Taufe
und was ein Christ denn glauben soll,
zu meiden Ketzerhaufen.
Gott spricht und will, daß Wasser sei,
doch nicht allein nur Wasser,
sein heiligs Wort ist auch dabei
mit reichem Geist ohn Maßen;
der ist allhier der Täufer.

Solchs hat er uns beweiset klar
mit Bildern und mit Worten.
Des Vaters Stimm man offenbar
daselbst am Jordan hörte.
Er sprach: «Das ist mein lieber Sohn,
an dem ich hab Gefallen;
den will ich euch befohlen han,
daß ihr ihn höret alle
und folget seinem Lehren.»

Auch Gottes Sohn hier selber steht
in seiner zarten Menschheit.
Der Heilig Geist herniederfährt
in Taubenbild verkleidet,
daß wir nicht sollen zweifeln dran,
wenn wir getaufet werden:
All drei Person' getaufet han,
damit bei uns auf Erden
zu wohnen sich ergeben.

Sein' Jünger heißt der Herre Christ:
«Geht hin, all Welt zu lehren,
daß sie verlorn in Sünden ist,
sich soll zur Buße kehren.
Wer glaubet und sich taufen läßt,
soll dadurch selig werden.
Ein neugeborner Mensch er heißt,
der nicht mehr könne sterben,
das Himmelreich soll erben.»

Wer nicht glaubt dieser großen Gnad,
der bleibt in seinen Sünden
und ist verdammt zum ewigen Tod
tief in der Hölle Grunde.
Nichts hilft sein eigen Heiligkeit,
all sein Tun ist verloren.
Die Erbsünd macht's zur Nichtigkeit,
darin er ist geboren,
vermag sich selbst nicht helfen.

Das Aug allein das Wasser sieht,
wie Menschen Wasser gießen.
Der Glaub im Geist die Kraft versteht
des Blutes Jesu Christi
und ist vor ihm ein rote Flut
von Christi Blut gefärbet,
die allen Schaden heilen tut,
von Adam her geerbet,
auch von uns selbst begangen.

Christum wir sollen loben

Christum wir sollen loben schön,
der reinen Magd Marien Sohn,
so weit die liebe Sonne leucht
und an aller Welt Ende reicht.

Der selig Schöpfer aller Ding
zog an eins Knechtes Leib gering,
daß er das Fleisch durch Fleisch erwerb
und sein Geschöpf nicht ganz verderb.

Die göttlich Gnad vom Himmel groß
sich in die keusche Mutter goß.
Ein Mägdlein trug ein heimlich Pfand,
das der Natur war unbekannt.

Das züchtig Haus des Herzens zart
gar bald ein Tempel Gottes ward.
Die kein Mann rühret noch erkannt,
von Gottes Wort man schwanger fand.

Die edle Mutter hat geborn
den Gabriel verhieß zuvor,
den Sankt Johann mit Springen zeigt,
da er noch lag in Mutters Leib.

Er lag im Heu mit Armut groß.
Die Krippe hart ihn nicht verdroß.
Es ward ein kleine Milch sein Speis,
der nie kein Vöglein hungern ließ.

Des Himmels Chör sich freuen drob,
und die Engel singen Gott Lob.
Den armen Hirten wird vermeldt
der Hirt und Schöpfer aller Welt.

Lob, Ehr und Dank sei dir gesagt
Christ, geborn von reiner Magd,
mit Vater und dem Heilgen Geist
von nun an bis in Ewigkeit.

Der du bist drei in Einigkeit

Der du bist drei in Einigkeit,
ein wahrer Gott von Ewigkeit.
Die Sonn mit dem Tag von uns weicht,
laß leuchten uns dein göttlich Licht.

Des Morgens, Gott, dich loben wir,
des Abends auch beten vor dir;
unser armes Lied rühmet dich
jetzt und immer und ewiglich.

Gott Vater, dem sei ewig Ehr,
Gott Sohn, der ist der einig Herr,
und dem Tröster Heiligen Geist
von nun an bis in Ewigkeit.
Amen.

Dies sind die heilgen Zehn Gebot

Dies sind die heilgen Zehn Gebot,
die uns gab unser Herregott
durch Moses, seinen Diener treu,
hoch auf dem Berg Sinai.
Kyrieleis.

Ich bin allein dein Gott der Herr.
Kein Götter sollst du haben mehr.
Du sollst mir ganz vertrauen dich,
von Herzensgrund lieben mich.
Kyrieleis.

Du sollst nicht brauchen zu Unehrn
den Namen Gottes, deines Herrn.
Du sollst nicht preisen recht noch gut,
als was Gott selbst redt und tut.
Kyrieleis.

Du sollst heilgen den siebten Tag,
daß du und dein Haus ruhen mag.
Du sollst von deim Tun lassen ab,
daß Gott sein Werk in dir hab.
Kyrieleis.

Du sollst ehrn und gehorsam sein
dem Vater und der Mutter dein.
Und wo dein Hand ihn' dienen kann,
so wirst du langes Leben han.
Kyrieleis.

Du sollst nicht töten zorniglich,
nicht hassen noch selbst rächen dich,
Geduld haben und sanften Mut
und auch dem Feind tun das Gut.
Kyrieleis.

Dein Eh' sollst du bewahren rein,
daß auch dein Herz kein ander mein,
und halten keusch das Leben dein
mit Zucht und Mäßigkeit fein.
Kyrieleis.

Du sollst nicht stehlen Geld noch Gut,
nicht wuchern jemands Schweiß und
Blut.
Du sollst auftun dein milde Hand
den Armen in deinem Land.
Kyrieleis.

Du sollst kein falscher Zeuge sein,
nicht lügen von dem Nächsten dein.
Sein Unschuld sollst auch retten du
und seine Schand decken zu.
Kyrieleis.

Du sollst deins Nächsten Weib und
Haus
begehren nicht noch etwas draus.
Du sollst ihm wünschen alles Gut',
wie dir dein Herz selber tut.
Kyrieleis.

Die Gebot all uns geben sind,
daß du dein Sünd, o Menschenkind,
erkennen sollst und lernen wohl,
wie man vor Gott leben soll.
Kyrieleis.

Das helf uns der Herr Jesus Christ,
der unser Mittler worden ist.
Es ist mit unserm Tun verlorn,
verdienen doch wir nur Zorn.
Kyrieleis.

Ein feste Burg ist unser Gott (Psalm 46)

Ein feste Burg ist unser Gott,
ein gute Wehr und Waffen.
Er hilft uns frei aus aller Not,
die uns jetzt hat betroffen.
Der alt böse Feind,
mit Ernst er's jetzt meint;
groß Macht und viel List
sein grausam Rüstung ist;
auf Erd ist nicht seinsgleichen.

Mit unsrer Macht ist nichts getan,
wir sind gar bald verloren.
Es streit't für uns der rechte Mann,
den Gott hat selbst erkoren.

Fragst du, wer der ist?
Er heißt Jesus Christ,
der Herr Zebaoth,
und ist kein andrer Gott;
das Feld muß er behalten.

Und wenn die Welt voll Teufel wär
und wollt uns gar verschlingen,
so fürchten wir uns nicht so sehr,
es soll uns doch gelingen.
Der Fürst dieser Welt,
wie saur er sich stellt,
tut er uns doch nicht;
das macht: er ist gericht;
ein Wörtlein kann ihn fällen.

Das Wort sie sollen lassen stahn
und kein Dank dazu haben;
er ist bei uns wohl auf dem Plan
mit seinem Geist und Gaben.
Nehmen sie den Leib,
Gut, Ehr, Kind und Weib:
laß fahren dahin;
sie haben's kein Gewinn;
das Reich muß uns doch bleiben.

Erhalt uns, Herr, bei deinem Wort

Erhalt uns, Herr, bei deinem Wort
und steure deiner Feinde Mord,
die Jesum Christum, deinen Sohn,
wollen stürzen von deinem Thron.

Beweis dein Macht, Herr Jesu Christ,
der du Herr aller Herren bist;
beschirm dein arme Christenheit,
daß sie dich lob in Ewigkeit.

Gott heilger Geist, du Tröster wert,
gib deim Volk einen Sinn auf Erd;
steh bei uns in der letzten Not;
leit uns ins Leben aus dem Tod.

Es spricht der Unweisen Mund (Psalm 14)

Es spricht der Unweisen Mund wohl:
«den rechten Gott wir meinen.»
Doch ist ihr Herz Unglaubens voll,
mit Tat sie ihn verneinen.
Ihr Wesen ist verderbet zwar,
für Gott ist es ein Greuel gar.
Es tut ihr keiner kein Gut.

Gott selbst vom Himmel sah herab
auf alle Menschenkinder.
Zu schauen dort er sich begab,
ob er jemand würd' finden,
der sein Verstand gerichtet hätt',
mit Ernst nach Gottes Worten tät'
und fragt' nach seinem Willen.

Da war niemand auf rechter Bahn.
Sie waren all zerstritten.
Ein jeder ging nach seinem Wahn
und hielt verlorne Sitten.

Er fand von Guten nicht einen,
wiewohl viele taten meinen,
ihr Tun müßt Gott gefallen.

Wie lang wollen unwissend sein,
die solche Müh aufladen
und fressen damit das Volk mein
und nähren sich mit seim Schaden?
Sie trauen nicht auf ihren Gott,
sie rufen ihn nicht in der Not,
sie wollen sich selbstversorgen.

Darum ist ihr Herz nimmer still
und steht allzeit im Fürchten.
Gott bei den Frommen bleiben will,
dem sie mit Glauben ghorchen.
Ihr aber schmäht des Armen Rat
und höhnet alles, was er sagt,
daß Gott sein Trost ist worden.

Wer soll Israel, dem armen,
zu Zion Heil erlangen?
Gott wird sich seins Volks erbarmen
und lösen, die gefangen.
Das wird er tun durch seinen Sohn.
Daran wird Jakob Wonne han
und Israel sich freuen.

Es wolle Gott uns gnädig sein (Psalm 67)

Es wolle Gott uns gnädig sein
und seinen Segen geben;
sein Antlitz uns mit hellem Schein
erleucht zum ewgen Leben,
daß wir erkennen seine Werk
und was ihm lieb auf Erden,
und Jesu Christi Heil und Stärk
bekannt den Heiden werden
und sie zu Gott bekehren.

So danken, Gott, und loben dich
die Heiden überalle,
und alle Welt, die freue sich
und sing mit großem Schalle,
daß du auf Erden Richter bist
und läßt die Sünd nicht walten;
dein Wort die Hut und Weide ist,
die alles Volk erhalten,
in rechter Bahn zu wallen.

Es danke, Gott, und lobe dich
das Volk in guten Taten.
Das Land bringt Frucht und bessert sich,
dein Wort ist wohl geraten.
Uns segne Vater und der Sohn,
uns segne Gott der Heilge Geist,
dem alle Welt die Ehre tu,
vor ihm sich fürchte allermeist.
Nun sprecht von Herzen: Amen

Gelobet seist du, Jesu Christ

Gelobet seist du, Jesu Christ,
daß du Mensch geboren bist
von einer Jungfrau, das ist wahr;
des freuet sich der Engel Schar.
Halleluja.

Des ewgen Vaters einig Kind
jetzt man in der Krippe findt;
in unser armes Fleisch und Blut
verkleidet sich das ewig Gut.
Halleluja.

Den aller Welt Kreis nie beschloß,
der liegt in Mariens Schoß.
Er ist ein Kindlein worden klein,
der alle Ding erhält allein.
Halleluja.

Das ewig Licht geht da herein,
gibt der Welt ein neuen Schein;
es leucht wohl mitten in der Nacht
und uns des Lichtes Kinder macht.
Halleluja.

Der Sohn des Vaters, Gott von Art,
ein Gast in der Welt hie ward
und führt uns aus dem Jammertal,
er macht uns Erben in seim Saal.
Halleluja.

Er ist auf Erden kommen arm,
daß er unser sich erbarm
und in dem Himmel mache reich
und seinen lieben Engeln gleich.
Halleluja.

Das hat er alles uns getan,
sein groß Lieb zu zeigen an.
Des freu sich alle Christenheit
und dank ihm des in Ewigkeit.
Halleluja.

Gott der Vater wohn uns bei

Gott der Vater wohn uns bei
und laß uns nicht verderben,
mach uns aller Sünden frei
und helf uns selig sterben.
Vor dem Teufel uns bewahr,
halt uns bei festem Glauben
und auf dich laß uns bauen,
aus Herzens Grund vertrauen,
dir uns lassen ganz und gar
mit allen rechten Christen,
entfliehen Teufels Listen,
mit Waffen Gotts uns fristen.
Amen, amen, das sei wahr,
so singen wir Halleluja.

Jesus Christus wohn uns bei …

Heilig Geist, der wohn uns bei …

Herr Gott, dich loben wir (Te deum laudamus)

Herr Gott, dich loben wir.
Herr Gott, wir danken dir.
Dich, Vater, in Ewigkeit
ehrt die Welt weit und breit.
All Engel und Himmelsheer,
und was dienet deiner Ehr,
auch Cherubim und Seraphim,
singet immer mit hoher Stimm:
Heilig ist unser Gott,
heilig ist unser Gott,

heilig ist unser Gott,
der Herr Zebaoth.

Dein göttlich Macht und Herrlichkeit
gehet über Himmel und Erden weit.
Der heiligen Zwölfboten Zahl
und die lieben Propheten all,
die teuren Martrer allzumal,
loben dich, Herr, mit großem Schall.
Die ganze werte Christenheit
rühmt dich auf Erden allezeit
dich, Gott Vater im höchsten Thron,
deinen rechten und einigen Sohn,
dein Heiligen Geist und Tröster wert,
mit rechtem Dienst sie lobt und ehrt.
Du König der Ehren, Jesu Christ,
Gott Vaters ewiger Sohn du bist,
der Jungfrau Leib nicht hast
verschmäht,
z'erlösen das menschlich Geschlecht.
Du hast dem Tod zerstört sein Macht
und all Christen zum Himmel bracht.
Du sitzt zur Rechten Gottes gleich
mit aller Ehr in Vaters Reich.;
ein Richter du zukünftig bist
alles, was tot und lebend ist.
Nun hilf uns, Herr, den Dienern dein,
die mit deim teuren Blut erlöset sein,
laß uns im Himmel haben teil
mit den Heiligen am ewigen Heil.
Hilf deinem Volk, Herr Jesu Christ,
und segne, was dein Erbteil ist,
wart und pfleg es zu aller Zeit
und heb es hoch in Ewigkeit.
Täglich, Herr Gott, wir loben dich
und ehrn dein Namen stetiglich.
Behüt uns heut, o treuer Gott,
vor aller Sünd und Missetat,
sei uns gnädig, o Herre Gott,
sei uns gnädig in aller Not,
zeig uns deine Barmherzigkeit,
wie unser Hoffen zu dir steht.
Auf dich hoffen wir, lieber Herr,
in Schanden laß uns nimmermehr.
Amen.

Jesaja dem Propheten das geschah (Das deutsche Sanktus)

Jesaja dem Propheten das geschah,
daß er im Geist den Herren sitzen sah
auf einem hohen Thron in hellem
Glanz,
seines Kleides Saum den Chor füllet
ganz.
Es standen zwei Seraph bei ihm daran,
sechs Flügel sah er einen jeden han,
mit zwein verbargen sie ihr Antlitz
klar,
mit zwein bedeckten sie die Füsse gar,
und mit den andern zwei sie flogen frei;
einander rufen sie mit großem Schrei:
Heilig ist Gott, der Herre Zebaoth,
heilig ist Gott, der Herre Zebaoth,
sein Ehr die ganze Welt erfüllet hat.
Von dem Schrei zittert Schwell und
Balken gar,
das Haus auch ganz voll Rauch und
Nebel war.

Jesus Christ unser Heiland

Jesus Christ unser Heiland,
der den Tod überwand,
ist auferstanden.
Die Sünd hat er gefangen.
Kyrieleison.

Der ohn Sünden war geborn
trug für uns Gottes Zorn,
hat uns versöhnet,
daß Gott uns sein Huld gönnet.
Kyrieleison.

Tod, Sünd, Leben und auch Gnad,
alls in Händen er hat.
Er kann erretten
alle, die zu ihm treten.
Kyrieleison.

Jesus Christus unser Heiland

Jesus Christus unser Heiland,
der von uns den Zorn Gottes wandt':
Durch das bittre Leiden sein
half er uns aus der Hölle Pein.

Daß wir nimmer des vergessen,
gab er uns sein Leib zu essen,
verborgen im Brot so klein,
und zu trinken sein Blut im Wein.

Wer sich zum Tisch will machen,
der hab wohl acht auf sein Sachen.
Wer unwürdig hier sich nahet,
statt das Leben den Tod empfahet.

Du sollst Gott, den Vater, preisen,
daß er dich so wohl will speisen
und für deine Missetat
in den Tod sein Sohn geben hat.

Du sollst glauben und nicht wanken,
das sei Speise für die Kranken,
deren Herz von Sünden schwer
und vor Angst ist betrübet sehr.

Solch groß Gnad und Barmherzigkeit
sucht ein Mensch in großem Herzleid.
Ist dir wohl, so bleib davon,
daß du nicht kriegest bösen Lohn.

Er spricht selber: «Kommt, ihr Armen,
laßt mich über euch erbarmen.
Kein Arzt ist dem Starken not,
sein Kunst wird an ihm gar ein Spott.

Hättest du dir das erworben,
wär ich nicht für dich gestorben.
Dieser Tisch auch dir nicht gilt,
so du selber dir helfen willt.»

Glaubst du das von Herzens Grunde
und bekennest mit dem Munde,
so bist du recht wohl geschickt
und die Speise dein Seel erquickt.

Als Frucht für sein großes Lieben
sollst du deinen Nächsten lieben,
daß er von dir spüren kann,
was dein Gott hat an dir getan.

Komm, Gott, Schöpfer, Heiliger Geist

Komm, Gott, Schöpfer, Heiliger Geist,
besuch das Herz der Menschen dein.
Mit Gnaden sie fülle, weil du weißt,
daß sie dein Geschöpfe sein.

Denn du bist der Tröster genannt,
des Allerhöchsten Gabe teur,
ein geistlich Salb an uns gewandt,
ein lebend Brunn', Lieb und Feur.

Zünd uns ein Licht an im Verstand.
Gib uns ins Herz der Liebe Brunst.
Das schwach Fleisch in uns dir
bekannt,
erhalt fest dein Kraft und Gunst.

Du bist mit Gaben siebenfalt
der Finger an Gottes rechter Hand.
Des Vaters Wort gibst du gar bald
mit Zungen in alle Land.

Des Feindes List treib von uns fern,
den Fried schaff bei uns deine Gnad,
dass wir deim Leiten folgen gern
und meiden der Seelen Schad.

Lehr uns den Vater kennen wohl,
dazu Jesu Christ, seinen Sohn,
daß wir des Glaubens werden voll,
dich beider Geist zu verstan.

Gott Vater sei Lob und dem Sohn,
der von den Toten auferstund,
dem Tröster sei dasselb getan
in Ewigkeit alle Stund.

Komm, Heiliger Geist

Komm, Heiliger Geist, Herre Gott,
erfüll mit deiner Gnaden Gut
deiner Gläubigen Herz, Mut und Sinn;
dein brennend Lieb entzünd in ihn'.
O Herr durch deines Lichtes Glast
zum Glauben du versammelt hast
das Volk aus aller Welt Zungen;
das sei dir, Herr, zu Lob gesungen.
Halleluja. Halleluja.

Du heiliges Licht, edler Hort,
laß leuchten uns des Lebens Wort
und lehr uns Gott recht erkennen,
von Herzen Vater ihn nennen.
O Herr, behüt vor fremder Lehr,
daß wir nicht Meister suchen mehr,
denn Jesum mit rechtem Glauben
und ihm aus ganzer Macht vertrauen.
Halleluja. Halleluja.

Du heilige Glut, süsser Trost,
nun hilf uns fröhlich und getrost
in deim Dienst beständig bleiben;
laß Trübsal uns nicht wegtreiben.
O Herr durch dein Kraft uns bereit
und stärk des Fleisches Mattigkeit,
daß wir hier ritterlich ringen,
durch Tod und Leben zu dir dringen.
Halleluja. Halleluja.

Mensch, willst du leben seliglich (Die 10 Gebote kurz)

Mensch, willst du leben seliglich
und bei Gott bleiben ewiglich,
sollst du halten die zehn Gebot,
die uns gebeut unser Gott.
Kyrieleis.

Dein Gott allein und Herr bin ich,
kein andrer Gott soll irren dich.
Trauen soll mir das Herze dein;
mein eigen Reich sollst du sein.
Kyrieleis.

Du sollst mein Namen ehren schön
und in der Not mich rufen an.
Du sollst heilgen den Sabbattag,
daß ich in dir wirken mag.
Kyrieleis.

Dem Vater und der Mutter dein
sollst du nach mir gehorsam sein,
niemand töten noch zornig sein
und deine Ehe halten rein.
Kyrieleis.

Du sollst eim andern stehlen nichts,
auf niemand Falsches zeugen nicht,
deines Nächsten Weib nicht begehrn
und all seins Guts gern entbehrn.
Kyrieleis.

Mit Fried und Freud ich fahr dahin

Mit Fried und Freud ich fahr dahin
in Gottes Wille;
getrost ist mir mein Herz und Sinn,
sanft und stille.
Wie Gott mir verheißen hat, der Tod
ist mein Schlaf worden.

Das macht Christus, wahr Gottes Sohn,
der treue Heiland,
den du mich, Herr, hast sehen lan
und gmacht bekannt,
daß er sei das Leben mein und Heil in
Not und Sterben.

Den hast du allen vorgestellt
mit großen Gnaden,
zu seinem Reich die ganze Welt
heisen laden
durch dein teuer heilsam Wort, an
allem Ort erschollen.

Er ist das Heil und selig Licht
für alle Heiden,
zu erleuchten, die dich kennen nicht,
und zu weiden.
Er ist deins Volks Israel der Preis, Ehr,
Freud und Wonne.

Mitten wir im Leben sind

Mitten wir im Leben sind
mit dem Tod umfangen.
Wer ist, der uns Hilfe schafft,
daß wir Gnad erlangen?
Das bist du, Herr, alleine.
Uns reuet unsre Missetat,
die dich, Herr, erzürnet hat.
Heiliger Herre Gott,
heiliger, starker Gott,
heiliger, barmherziger Heiland, du
ewiger Gott,
laß uns nicht versinken in des bittern
Todes Not.
Kyrieleison.

Mitten in dem Tod anficht
uns der Hölle Rachen.
Wer will uns aus solcher Not
frei und ledig machen?
Das tust du, Herr, alleine.
Es jammert dein Barmherzigkeit
unsre Klag und großes Leid.
Heiliger Herre Gott,
heiliger, starker Gott,
heiliger, barmherziger Heiland, du
ewiger Gott,
laß uns nicht verzagen vor der tiefen
Hölle Glut.
Kyrieleison.

Mitten in der Höllen Angst
unsre Sünd uns treiben.
Wo solln wir denn fliehen hin,
da wir mögen bleiben?
Zu dir, Herr Christ, alleine.
Vergossen ist dein teures Blut,
das gnug für die Sünden tut.
Heiliger Herre Gott,
heiliger, starker Gott,
heiliger, barmherziger Heiland, du
ewiger Gott,
laß uns nicht entfallen von des rechten
Glaubens Trost.
Kyrieleison.

Nun bitten wir den Heiligen Geist

Nun bitten wir den Heiligen Geist
um den rechten Glauben allermeist,
daß er uns behüte an unserm Ende,
wenn wir heimfahren aus diesem
Elende.
Herr, erbarm dich.

Du wertes Licht, gib uns deinen
Schein,
lehr uns Jesum Christ kennen allein,
daß wir an ihm bleiben, dem treuen
Heiland,
der uns bracht hat zum rechten
Vaterland.
Herr, erbarm dich.

Du süße Lieb, schenk uns deine Gunst,
laß empfinden uns der Lieb Inbrunst,

daß wir uns von Herzen einander
lieben
und im Frieden auf einem Sinn bleiben.
Herr, erbarm dich.
Du höchster Tröster in aller Not,
hilf, daß wir nicht fürchten Schand
noch Tod,
daß in uns die Sinne nicht gar verzagen,
wenn der Feind wird das Leben
verklagen.
Herr, erbarm dich.

Nun freut euch, lieben Christen gmein

Nun freut euch, lieben Christen gmein,
und laßt uns fröhlich springen,
daß wir getrost und all in ein
mit Lust und Liebe singen,
was Gott an uns gewendet hat
und seine süße Wundertat;
gar teur hat er's erworben.

Dem Teufel ich gefangen lag;
im Tod war ich verloren;
mein Sünd mich quälte Nacht und Tag,
darin ich war geboren.
Ich fiel auch immer tiefer drein;
es war nichts gut am Leben mein;
die Sünd hatt' mich besessen.

Mein guten Werk, die galten nicht,
mit ihnen war's verdorben;
der frei Will haßte Gottes Gricht,
zum Guten gar erstorben.
Die Angst mich zu verzweifeln trieb,
daß nichts denn Sterben bei mir blieb;
zur Hölle mußt ich sinken.

Da jammert Gott in Ewigkeit
mein Elend übermaßen;
er dacht an sein Barmherzigkeit,
er wollt mir helfen lassen.
Er wandt zu mir das Vaterherz;
es war bei ihm fürwahr kein Scherz;
sein Bestes ließ er's kosten.

Er sprach zu seinem lieben Sohn:
«Die Zeit ist hie z'erbarmen.
Fahr hin, meins Herzens werte Kron,
und sei das Heil dem Armen
und hilf ihm aus der Sünden Not;
erwürg für ihn den bittern Tod
und laß ihn mit dir leben.»

Der Sohn dem Vater ghorsam ward;
er kam zu mir auf Erden,
von einer Jungfrau rein und zart;
er sollt mein Bruder werden.
Gar heimlich führt er sein Gewalt;
er ging in meiner armen Gstalt;
den Teufel wollt er fangen.

Er sprach zu mir: «Halt dich an mich,
es soll dir jetzt gelingen;
ich geb mich selber ganz für dich,
da will ich für dich ringen;
denn ich bin dein, und du bist mein,
und wo ich bleib, da sollst du sein;
uns soll der Feind nicht scheiden.

Vergießen wird er mir mein Blut,
dazu mein Leben rauben;

das leid ich alles dir zugut;
das halt mit festem Glauben.
Den Tod verschlingt das Leben mein;
mein Unschuld trägt die Sünde dein;
so bist du selig worden.

Gen Himmel zu dem Vater mein
fahr ich von diesem Leben;
da will ich sein der Meister dein;
den Geist will ich dir geben,
der dich in Trübnis trösten soll
und lehren mich erkennen wohl
und in der Wahrheit leiten.

Was ich getan hab und gelehrt,
das sollst du tun und lehren,
daß Gottes Reich hier werd gemehrt
zu Lob und seinen Ehren;
und hüt dich vor der Menschen Gsatz,
davon verdirbt der edle Schatz;
das laß ich dir zur Letze.»

Nun komm, der Heiden Heiland

Nun komm, der Heiden Heiland
als der Jungfrau Kind erkannt.
Wundern soll sich alle Welt,
daß Gott solch Geburt gefällt.

Nicht von Mannes Blut noch Fleisch,
allein vom heiligen Geist
ist Gott uns worden ein Mensch,
blüht in eines Weibes Leib.

Der Jungfrau Leib schwanger ward,
doch blieb Keuschheit rein bewahrt.
Licht erfuhr manch Tugend schön.
Gott da war in seinem Thron.

Aus der Kammer tritt hervor,
aus dem königlichen Tor,
wahrer Gott und Mensch, ein Held;
freudig läuft er hin zur Welt.

Sein Lauf kam vom Vater her
und kehret wieder zum Vater.
Fuhr hinunter zu der Höll
und wieder zu Gottes Stuhl.

Der du bist dem Vater gleich,
für hinaus den Sieg im Fleisch.
Daß dein ewig Gotts Gewalt
in uns das kranke Fleisch erhalt.

Glanz von seiner Krippe bricht;
durch die Nacht strahlt neues Licht.
Keine Nacht ihm wehren kann;
treulich strahlt es uns fortan.

Lob sei Gott im höchsten Thron,
Lob sei seinem lieben Sohn,
Lob sei Gott, dem Heilgen Geist,
allzeit und in Ewigkeit.

Vater unser im Himmelreich

Vater unser im Himmelreich,
der du uns alle heißest gleich
Brüder sein und dich rufen an,
und willst das Beten von uns han,
gib, daß nicht bet allein der Mund;
hilf, daß es geh von Herzensgrund.

Geheiligt werd der Name dein;
dein Wort bei uns hilf halten rein,
daß wir auch leben heiliglich,
nach deinem Namen würdiglich.
Behüt uns, Herr, vor falscher Lehr,
das arm verführet Volk bekehr.

Es komm dein Reich zu dieser Zeit
und dort hernach in Ewigkeit.
Der Heilig Geist uns wohne bei
mit seinen Gaben mancherlei;
des Satans Zorn und groß Gewalt
zerbrich; vor ihm dein Kirch erhalt.

Dein Will gescheh, Herr Gott, zugleich
auf Erden wie im Himmelreich.
Gib uns Geduld in Leidenszeit,
gehorsam sein in Lieb und Leid;
wehr und steur allem Fleisch und Blut,
das wider deinen Willen tut.

Gib uns heut unser täglich Brot,
wes man bedarf zur Leibesnot;
behüt uns, Herr, vor Krieg und Streit,
vor Seuchen und vor teurer Zeit,
daß wir in gutem Frieden stehn,
der Sorg und Geizes müßig gehn.

All unsre Schuld vergib uns, Herr,
daß sie uns nicht betrübe mehr,
wie wir auch unsern Schuldigern
ihr Schuld und Fehl vergeben gern.
Zu dienen mach uns all bereit
in rechter Lieb und Einigkeit.

Führ uns, Herr, in Versuchung nicht.
Wenn uns der böse Geist anficht
zur linken und zur rechten Hand,
hilf uns tun starken Widerstand,
im Glauben fest und wohlgerüst
und durch des Heilgen Geistes Trost.

Von allem Übel uns erlös;
es sind die Zeit und Tage bös.
Erlös uns von dem ewgen Tod
und tröst uns in der letzten Not.
Bescher uns auch ein selig End;
nimm unsre Seel in deine Händ.

Amen, das ist: es werde wahr.
Stärk unsern Glauben immerdar,
auf daß wir ja nicht zweifeln dran,
daß wir hiermit gebeten han
auf dein Wort in dem Namen dein.
So sprechen wir das Amen fein.

Verleih uns Frieden gnädiglich

Verleih uns Frieden gnädiglich,
Herr Gott, zu unsern Zeiten.
Es ist doch ja kein andrer nicht,
der für uns könnte streiten,
denn du, unser Gott alleine.

Gott, gib Fried in deinem Lande,
Glück und Heil zu allem Stande.

Vom Himmel hoch

«Vom Himmel hoch, da komm ich her,
ich bring euch gute neue Mär;
der guten Mär bring ich so viel,
davon ich singn und sagen will.

Euch ist ein Kindlein heut geborn
von einer Jungfrau auserkorn,
ein Kindelein so zart und fein,
das soll eur Freud und Wonne sein.

Es ist der Herr Christ, unser Gott,
der will euch führn aus aller Not;
er will eur Heiland selber sein,
von allen Sünden machen rein.

Er bringt euch alle Seligkeit,
die Gott der Vater hat bereit,
daß ihr mit uns im Himmelreich
sollt leben nun und ewiglich.

So merket nun das Zeichen recht:
die Krippe, Windelein so schlecht;
da findet ihr das Kind gelegt,
das alle Welt erhält und trägt.»

Des laßt uns alle fröhlich sein
und mit den Hirten gehn hinein,
zu sehn, was Gott uns hat beschert,
mit seinem lieben Sohn verehrt.

Merk auf, mein Herz, und sieh dort
hin,
was liegt doch in dem Krippelein.
Wes ist das schöne Kindelein?
Es ist das liebe Jesulein.

Sei mir willkommen, edler Gast.
Den Sünder nicht verschmähet hast
und kommst ins Elend her zu mir.
Wie soll ich immer danken dir?

Ach Herr, du Schöpfer aller Ding,
wie bist du worden so gering,
daß du da liegst auf dürrem Gras,
davon ein Rind und Esel aß.

Und wär die Welt vielmal so weit,
von Edelstein und Gold bereit,
so wär sie doch dir viel zu klein,
zu sein ein enges Wiegelein.

Der Sammet und die Seiden dein,
das ist grob Heu und Windelein;
darauf du König groß und reich
herprangst, als wär's dein
Himmelreich.

Das hat also gefallen dir,
die Wahrheit anzuzeigen mir,

wie aller Welt Macht, Ehr und Gut
vor dir nichts gilt, nichts hilft, noch tut.

Ach mein herzliebes Jesulein,
mach dir ein rein sanft Bettelein
zu ruhen in meins Herzens Schrein,
daß ich nimmer vergesse dein.

Davon ich allzeit fröhlich sei,
zu springen, singen immer frei
das rechte Susaninne schön
mit Herzenslust den süßen Ton.

Lob, Ehr sei Gott im höchsten Thron,
der uns schenkt seinen lieben Sohn.
Des freuet sich der Engel Schar
und singet uns solch neues Jahr.

Vom Himmel kam der Engel Schar

Vom Himmel kam der Engel Schar,
erschien den Hirten offenbar;
sie sagten an: «Ein Kindlein zart,
das liegt dort in der Krippe hart

zu Bethlehem in Davids Stadt,
wie Micha das verkündet hat;
es ist der Herre Jesus Christ,
der euer aller Heiland ist.

Des sollt ihr billig fröhlich sein,
daß Gott mit euch ist worden eins.
Er ist nun euer Fleisch und Blut;
eur Bruder ist das ewge Gut.

Was kann euch schaden Sünd und Tod?
Ihr habt mit euch den wahren Gott.
Laßt zürnen nur den alten Feind,
ist Gottes Sohn doch euer Freund.

Er will und kann euch lassen nicht,
setzt ihr auf ihn die Zuversicht.
Es mögen viel' euch fechten an;
dem sei Trotz, der's nicht lassen kann.

Zuletzt müßt ihr doch haben recht;
ihr seid nun worden sein Geschlecht.
Des danket Gott in Ewigkeit,
geduldig, fröhlich allezeit.»

Wär Gott nicht mit uns diese Zeit (Psalm 124)

Wär Gott nicht mit uns diese Zeit,
so soll Israel sagen,
wär Gott nicht mit uns diese Zeit,
wir müßten gar verzagen,
die so ein armes Häuflein sind,
veracht von so viel Menschenkind,
die uns zusetzen alle.

Auf uns so zornig ist ihr Sinn;
hätt Gott es zugegeben,
verschlungen hätten sie uns hin
mit ganzem Leib und Leben;
wir wärn als die ein Flut ersäuft
und über die groß Wasser läuft
und Gewalt verschwemmet.

Gott Lob und Dank, der nicht zugab,
daß ihr Schlund uns möcht fangen;
wie ein Vogel vom Strick kommt ab,
ist unsre Seel entgangen.
Strick ist entzwei, und wir sind frei:
des Herren Name steht uns bei,
Gott Himmels und der Erden.

Was fürchtst du, Feind Herodes

Was fürchtst du, Feind Herodes, sehr,
daß uns geborn wird Christ der Herr?
Er sucht kein sterblich Königreich,
der zu uns bringt sein Himmelreich.

Dem Stern die Weisen folgen nach.
Solch Licht zum rechten Licht sie
bracht.
Sie zeigen mit den Gaben drei,
dies Kind Gott, Mensch und König sei.

Die Tauf im Jordan an sich nahm
das himmelische Gottes-Lamm;
dadurch, der nie kein Sünde tat,
von Sünden uns gewaschen hat.

Ein Wunderwerk da neu geschah:
sechs steinern Krüge man da sah
voll Wasser, das verlor sein Art:
roter Wein durch sein Wort draus
ward.

Lob, Ehr und Dank sei dir gesagt,
Christ, geborn von der reinen Magd,
mit Vater und dem heilgen Geist
von nun an bis in Ewigkeit.
Amen.

Wir glauben all an einen Gott

Wir glauben all an einen Gott,
Schöpfer Himmels und der Erden,
der sich zum Vater geben hat,
daß wir seine Kinder werden.
Er will uns allzeit ernähren,
Leib und Seel auch wohl bewahren;
allem Unfall will er wehren,
kein Leid soll uns widerfahren.
Er sorget für uns, hüt' und wacht.
Es steht alles in seiner Macht.

Wir glauben auch an Jesum Christ,
seinen Sohn und unsern Herren,
der ewig bei dem Vater ist,
gleicher Gott von Macht und Ehren.
Von Maria, der Jungfrauen
ist ein wahrer Mensch geboren
durch den Heiligen Geist im Glauben
für uns, die wir warn verloren,
am Kreuz gestorben und vom Tod
wieder auferstanden durch Gott.

Wir glauben an den Heilgen Geist,
Gott mit Vater und dem Sohne,
der aller Ängste Tröster heißt
und mit Gaben zieret schöne.

Die ganz Christenheit auf Erden
hält in einem Sinn gar eben,
hier all Sünd vergeben werden,
das Fleisch soll auch wieder leben.
Nach diesem Elend ist bereit
uns ein Leben in Ewigkeit.

Wohl dem, der in Gottes Furcht steht (Psalm 128)

Wohl dem, der in Gottes Furcht steht
und der auf seinem Wege geht.
Dein eigen Hand dich nähren soll,
so lebst du recht und geht dir wohl.

Dein Weib wird in deim Hause sein
wie die Rebe voll Trauben fein
und die Kinder um deinen Tisch
wie Ölpflanzen gesund und frisch.

Sieh, so reich Segen hängt dem an,
wo in Gottes Furcht lebt ein Mann;
von ihm läßt der alt Fluch und Zorn,
den Menschenkindern angeborn.

Aus Zion wird Gott segnen dich,
daß du wirst schauen stetiglich
das Glück der Stadt Jerusalem
vor Gott in Gnaden angenehm.

Fristen wird er das Leben dein
und mit Gutem stets bei dir sein,
daß du sehen wirst Kindes Kind
und daß Israel Frieden find.

Stichwortverzeichnis

Abendgebet 7
Abendmahl 7
Aberglaube 9
Alt werden 10
Amen 11
Amt 11
Anfechtung 11
Anmaßung 12
Ansprüche 13
Arbeit 13
Arglosigkeit 14
Armut 15
Arzt 15
Der Auferstandene 16
Auffahrt 17

Bauer 17
Begierde 18
Behütung 18
Bequemlichkeit 20
Berufung 20
Bescheidenheit 20
Besitz 20
Besserwisserei 21
Bestimmung 22
Betroffenheit 22
Bibel 22
Bibelstudium 24
Bierbrauer 25
Billig 25
Böse 25
Brautwahl 26
Buße 26

Christen 27
Christ sein 29
Christus 31

Dankbarkeit 33
Demut 34
Diebstahl 35
Dienen 35
Diesseits und jenseits 36
Dreieinigkeit 40
Durst 40

Edel 40
Ehe 41
Ehelosigkeit 44
Einigkeit 44
Engel 44
Erbe 45
Erfahrung 45
Erfolg 45
Ergebung 45
Erhörung 46
Erkenntnis 48
Erkenntnis Gottes 48
Erkenntnis Christi 48
Erlösung 48
Ermahnung 52
Erziehung 52
Essen 53
Evangelium 53
Extreme 54

Familie 55
Faulheit 55
Feiern 56
Feindesliebe 56
Folgen 56
Frauen 57
Frauenart 57
Frauenherrschaft 58
Frauenliebe 58

Frauenschönheit 58
Frau und Mann 59
Freiheit 59
Freimütigkeit 60
Freude 60
Freude und Leid 61
Freundschaft 61
Freund und Feind 62
Friede 62
Fröhlichkeit 62
Frömmigkeit 63
Führung Gottes 64
Fürbitte 65
Furchtlosigkeit 65

Gaben Gottes 65
Geben 66
Gebet 66
Geborgenheit 69
Gebote 70
Geduld 70
Gegensätze 70
Gegenwart 73
Gegenwart Gottes 73
Gehorsam 74
Heiliger Geist 75

Geiz 78
Geld 79
Gelegenheit 79
Gemeinde 80
Gerechtigkeit 80
Gesang 81
Geschwätz 82
Gesinnung 82
Geständnis 83
Gesundheit 83
Getrostheit 83
Gewalt 84

Gewissen 84
Gewißheit 85
Gewohnheit 85
Glaube 86
Glauben 89
Glaubensbekenntnis 90
Glaubensgrundlage 92
Glaube und gute Werke 93
Glaube und Leid 95
Glaube und Liebe 95
Gleichwertigkeit 96
Glück und Unglück 96
Gnade Gottes 97
Gold 98
Gott 98
Gottesdienst 99
Gottesfurcht 99
Gottes- und Menschengeist . . . 100
Gottes- und Nächstenliebe . . . 100
Gottvertrauen 101
Gott dienen 102
Gott finden 103
Gott schauen 104
Gott und Mensch 104
Großzügigkeit 105
Großzügigkeit Gottes 106
Zum Guten 106

Handeln 106
Haushalten 107
Heiland 108
Herr und Knecht 109
Herz 109
Heuchelei 110
Heute 110
Hiob 111
Hochmut 111
Hölle 111
Hoffnung 112

Hoffnungslos 112
Hochzeit von Kana 112

Irrweg 112
Jesaja 113
Jerusalem 113
Jesus 113
Jugend 114
Jurist 114

Kinder 114
Kirche 114
Kirchenschatz 116
Klugheit 116
Kompromiß 117
Krankheit 118
Kreuz 118
Krieg 118
Kummer 118
Kunst 119

Lachen 119
Laien 119
Laster 119
Lästerung 120
Lauterkeit 120
Läuterung 121
Leben 121
Leben und Sterben 121
Lebensfreude 122
Lebensgrundlage 122
Lebenskraft 123
Lebensregeln 123
Ewiges Leben 124
Lehrer 124
Leichtfertigkeit 125
Leiden 125
Lernen 126
Lesen 126

Liebe 126
Lob Gottes 127
Lügen 129
Luther 130

Macht 131
Menschen 131
Menschwerdung Gottes 132
Mensch und Tier 133
Mission 133
Morgengebet 134
Musik 134
Mut 135
Muttermilch 136

Nichteinmischung 136
Not 136
Nutzlos 138

Ordnung 138
Ostern 138

Paradies 140
Pfaffen 140
Pfarrer 140
Pfingsten 141
Politik 142
Prediger 143
Predigt 145
Predigt Jesu 147
Priester 147
Psalter 148

Rache 148
Rausch 148
Recht 149
Regierung 149
Reich Gottes 150
Reichtum 150
Richter 151

Sakramente 151
Schaden 152
Schafe 152
Schlaflosigkeit 152
Schlange 153
Schneider 153
Schöpfung 153
Schule 154
Schüler 154
Schutz Gottes 154
Sekten 155
Segen 155
Selbsterkenntnis 156
Selbstverleugnung 156
Seligkeit 156
Sinn des Lebens 158
Sinnlosigkeit 159
Söhne 159
Sparsamkeit 159
Spielen 160
Staat 160
Sterben 160
Stern von Bethlehem 161
Stillen 162
Stolz 162
Strafe 164
Sünde 164
Sündenvergebung 165

Jüngster Tag 165
Tapferkeit 165
Taufe 165
Teufel 169
Theologe 171
Theologie 171
Theorie und Praxis 172
Tiere 172
Tierschutz 173
Tod 173
Tod und Leben 175
Todesahnung 175
Todesüberwindung 175
Traurigkeit 176
Treue 176
Trost 177
Trostgebet 178
Tugend 178
Tyrannen 179

Überflüssiges 179
Übermut 179
Überraschung 180
Übung 180
Unbegreiflichkeit Gottes 180
Unbescheidenheit 181
Undank 181
Unersättlichkeit 181
Unerschütterlichkeit 182
Ungeduld 182
Unglaube 182
Unglück 187
Unkraut 187
Unrecht 188
Unsicherheit 188
Unterschiede 188
Unterwegs 188
Untreue 189
Unüberlegtheit 190
Unzufriedenheit 190

Vaterunser 191
Verantwortung 193
Verbitterung 194
Verbotenes 194
Verbundenheit mit Gott 194
Verführung 195
Vergebung 195
Verlassenheit 196
Vernunft 196

Verschwiegenheit 196
Verteidigung 197
Vollkommenheit 197
Vorsicht 197
Vorurteile 197

Wagnis des Glaubens 197
Wahrheit 198
Walten Gottes 199
Warum 199
Weihnachten 199
Wein 205
Weisheit 206
Welt 206
Werke Gottes 207
Gute Werke 208
Widerspruch 208
Wirkung 209
Wissen 209
Wohlergehen 209
Wort 209
Wort Gottes 210
Wucher 213
Würde 214
Wunder Gottes 214

Die Zehn Gebote 214
Zeit 218
Zorn 218
Zorn Gottes 219
Zufriedenheit 220
Zugeben 220
Zuversicht 220
Zuwendung Gottes in Christus . 221
Zwang 221
Zweifel 221

Lieder 223–243

MITARBEITERBÜCHEREI

Herbert Achterberg
Zeugen des Evangeliums
300 Gestalten aus den 20 Jahrhunderten nach Christus
Paperback. 384 Seiten. Best.-Nr. 57106

300 Kurzbiografien von Adelheid und Augustinus bis Zinzendorf und Zwingli. Jede Biografie bringt die wichtigsten Lebensdaten und die Motive des Handelns. Ein Personenlexikon der Kirchengeschichte.

Heinrich Höpken (Hrsg.)
Im Abgas wächst Getreide
750 Zitate und Geschichten zu 55 Begriffen
Paperback. 160 Seiten. Best.-Nr. 57113

Eine Sammlung von Zitaten und Geschichten von Dichtern und Denkern, aus Zeitungen und Zeitschriften, zu 55 Begriffen von Alter bis Zeit. Eine Arbeitshilfe für Andacht, Predigt und Unterricht.

Rolf Sättler (Hrsg.)
Guten Morgen
365 Andachten, Anekdoten, Anregungen
und Aussprüche
Paperback. 160 Seiten. Best.-Nr. 57100

Ein Andachtsbuch, das sich nicht nur zur Einstimmung in den Tag verwenden läßt, sondern aufgrund seiner beigegebenen Register auch eine unschätzbare Fundgrube für Andachten und Ansprachen, Reden und Predigten ist.

BRENDOW VERLAG, MOERS

Leseprobe aus:

Zeugen des Evangeliums

MARTIN LUTHER
*** 10. 11. 1483 † 18. 2. 1546**

Luthers Eltern stammten aus einem bäuerlichen Geschlecht des Thüringer Waldes. Der Vater, Hans aus Möhra, wurde später Bergmann und zog mit der Familie nach Eisleben, wo Martin Luther geboren wurde und auch in der Ausübung des christlichen Amtes der Versöhnung starb. In Mansfeld, wohin seine Eltern übersiedelt waren, erhielt er den ersten Unterricht; dann lernte er bei den „Brüdern vom gemeinsamen Leben“ in Magdeburg und in Eisenach, wo sich seiner die Frau des Buchdruckers Cotta besonders annahm. 1501 bezog er die Universität Erfurt, um nach dem Willen seines Vaters Rechtswissenschaft zu studieren, vorerst widmete er sich aber antiker Bildung und Philosophie. Er legte das Magisterexamen ab und trat 1501 auf Grund eines Gelübdes in das Erfurter Augustinerkloster ein. Hier erlebte er die Angst, von Gott verworfen zu sein. Die wichtigste Frage wurde nun für ihn: „Wie bekomme ich einen gnädigen Gott?“ Der Generalvikar des Ordens, sein Beichtvater Johannes von Staupitz, führte mit ihm viele Gespräche.

1507 wurde Luther nach theologischen Studien zum Priester geweiht, vorher weilte er wegen Ordensangelegenheiten in Rom. 1508 wurde er als Professor der Philosophie nach Wittenberg berufen, 1512 folgte die Berufung zum Professor der Theologie. Als er 1513 die erste Psalmenvorlesung vorbereitete, hatte er sein berühmtes Turmerlebnis. In der Römerbrief-Vorlesung von 1515/1516 sprach er die damals gewonnenen Erkenntnisse deutlich aus. Diese betrafen vor allem die Gerechtigkeit Gottes und die Rechtfertigung. Die falsche Bußpraxis der Kirche, vor allem der Ablaßhandel, veranlaßte ihn zum Anschlag der 95 Thesen an die Tür der Schloßkirche, mit denen er zu einer Disputation einlud. Die Wirkung dieser Thesen hatte er selbst nicht erwartet. Sie gingen wie ein Lauffeuer durchs Land, ja durch ganz Europa. Im Dezember kannte man sie schon in Rom. 1518 mußte Luther sich vor Kardinal Cajetan in Augsburg verantworten. Doch er unterwarf sich nicht. 1519 fand die Leipziger Disputation mit D. Eck statt, in der Luther den Primat des Papstes und die Unfehlbarkeit der Konzilien bestritt. 1520/1521 veröffentlichte er die entscheidenden Reformationsschriften: „An den christlichen Adel deutscher Nation", „Von der Babylonischen Gefangenschaft der Kirche", „Von der Freiheit eines Christenmenschen". Im Dezember 1520 verbrannte er die päpstliche Bannandrohungsbulle. 1521 traf ihn der Bannstrahl des Papstes. Er verteidigte sich im April 1521 vor dem Reichstag in Worms. Nachdem die Reichsacht über ihn verhängt worden war, wurde er zu seiner Rettung als Junker Jörg auf die Wartburg gebracht. Hier übersetzte er das Neue Testament, das 1522 erstmalig gedruckt wurde. Im gleichen Jahr kehrte er nach Wittenberg zurück. 1525 heiratete er Katharina von Bora. Die beiden Katechismen schrieb er 1529, 1534 vollendete er die Bibelübersetzung und schuf viele geistliche Lieder für den evangelischen Kirchengesang. Wichtig war ihm vor allem das allgemeine Priestertum aller Gläubigen.

KATHARINA VON BORA
* 29. 9. 1490 † 20. 12. 1552

Martin Luther hatte bereits in seiner Schrift „An den christlichen Adel..." die erzwungene Ehelosigkeit der Geistlichen verworfen und als Unrecht bezeichnet. So stimmte er denn auch für die Aufhebung der Klöster. Trotzdem dachte er für seine Person zunächst nicht ans Heiraten und entschloß sich erst 1525 zu diesem Schritt. Durch die Ehe mit Katharina von Bora, die aus nicht mehr wohlhabendem sächsischem Adel stammte und in Lippendorf bei Leipzig geboren wurde, schuf er den Typ des evangelischen Pfarrhauses. Nach dem frühen Tod der Mutter war Katharina fünfjährig dem Benediktinerkloster in Brehna zur Erziehung übergeben worden und zehnjährig nach Nimbschen bei Grimma gekommen. Von dort flüchtete sie mit einigen anderen Nonnen Ostern 1523 nach Wittenberg. Luther brachte sie alle in Bürgerhäusern unter. Katharina fand Unterkunft beim Bürgermeister und Maler Lucas Cranach. Zusammen mit dem Propst der Schloßkirche, Justus Jonas, war dieser dann Trauzeuge, als der Wittenberger Stadtpfarrer Bugenhagen sie im Juni 1525 traute. Der Kurfürst schenkte dem Paar das Schwarze Kloster mit Garten, Hof, Ställen und allen Nebengebäuden.

Frau Käthe machte aus dem seit Jahren verödeten Haus, nach baulichen Veränderungen, ein wohnliches Heim, legte den verwilderten Klostergarten neu an, trieb Gemüsebau und züchtete auch Rosen und Lilien. Später richtete sie einen Kosttisch für Studenten ein, an dem auch Gäste teilnahmen, die Luther eingeladen hatte oder die ihn nur sehen wollten. Schon um vier Uhr früh erhob sich die tüchtige und rüstige Hausfrau, um das Gesinde zu wecken, da auch eine nicht geringe Zahl Kühe, Pferde, Schweine und Hühner zu füttern waren. Man nannte Katharina Luther bald den „Morgenstern von

Wittenberg". Sie konnte befehlen und hausfraulich regieren, so daß Luther sie scherzweise seinen „Herrn und Doktor Käthe" genannt hat. Luthers Briefe und Tischreden zeigen, wie sie nicht nur mit ihrer Schaffenskraft das Augustinerkloster zum gastfreien Lutherhaus gemacht, sondern auch an Luthers Arbeiten und Sorgen lebendig Anteil genommen hat. Mit ihrem starken Charakter konnte sie ihn oft aufrichten und trösten.

In den Tischreden findet sich Luthers Wort: „Es gibt keine süßere Verbindung und herbere Trennung als die einer guten Ehe..." Käthe Luther starb sieben Jahre nach ihrem Mann auf der Flucht vor der Pest und liegt in Torgau begraben. Vier ihrer sechs Kinder überlebten die Eltern.